B.A.-BA

Kabbale

DU MÊME AUTEUR

Les Jardins chinois et japonais,
Pardès, « Bibliothèque des jardins », 1999

Jardins feng-shui (coauteur),
Flammarion, « La Maison Rustique », 2001

B.A.-BA *de la réincarnation*,
Pardès, 1999

B.A.-BA *du soufisme*,
Pardès, 2004 (2ème édition)

B.A.-BA *de l'islâm*,
Pardès, 2003 (3e édition)

B.A.-BA *des anges*,
Pardès, 2002 (2e édition)

B.A.-BA *de la mort* – vol. 1,
Pardès, 2002

B.A.-BA *de la mort* – vol. 2,
Pardès, 2002

B.A.-BA *du judaïsme*,
Pardès, 2003

B.A.-BA *de l'Ancien Testament*,
Pardès, 2004

B.A.-BA *du Nouveau Testament*,
Pardès, 2004

B.A.-BA *du Coran*,
Pardès, 2005

Gérard Chauvin

B.A.-BA

KABBALE

2ème édition

Pardès
44, rue Wilson
77880 Grez-sur-Loing

DÉJÀ PARUS DANS LA MÊME COLLECTION B.A.-BA

Vampires (3ème éd.) ◇
Monstres aquatiques ◇
Animaux mystérieux
Halloween (2ème éd.)
Lutins
Extra-terrestres-1
Extra-terrestres-2
Monstres
Fantômes
Arts divinatoires
Contes populaires
Magie runique
Jean-Paul Ronecker

Shintô ◇
Chevalerie ◇
Samuraï (2ème éd.) ◇
Indo-Européens
Au-delà
Jeux Olympiques ◇
Mon
Vikings (2ème éd.) ●
Templiers (3ème éd.) ◇
Cathares (2ème éd.)
Tradition grecque-1
Tradition grecque-2
Bernard Marillier

Dao Yin
Qigong (3ème éd.)
Feng Shui (2ème éd.)
Ayurvéda (3ème éd.)
Chirologie chinoise ◇
Gérard Edde

Numérologie médicale (2ème éd.)
Numérologie chinoise
Numérologie orientale (2ème éd.)
Fleurs de Bach (3ème éd.)
Psychogénéalogie (3ème éd.)
Jean-François Mazouaud

Acupuncture (2ème éd.)
Taoïsme (3ème éd.)
Bouddhisme (3ème éd.)
Zen
Cancer
Jean Fabre

Interprétation astrologique (2ème éd.)
Oghams divinatoires
Synchronicité
Relaxation
Alain Gesbert

Réincarnation
Soufisme (2ème éd.)
Anges (2ème éd.)
Mort – 1
Mort – 2
Islâm (3ème éd.) ◇
Judaïsme
Ancien Testament
Nouveau Testament
Coran
Gérard Chauvin

Occultisme ◇
Wicca (2ème éd.) ●
Néo-paganisme (2ème éd.)
Islamisme
Christian Bouchet

Tradition étrusque
Villes disparues (2ème éd.)
Atlantide
Pays légendaires
Daniel Kircher

Tradition nordique-1 (2ème éd.) ◇
Karma
Père Noël ◇
Arnaud d'Apremont

Astrologie (2ème éd.) ◇
Fées (2ème éd.)
Tradition nordique-2 (2ème éd.)
Anne-Laure d'Apremont

Runes (5ème éd.)
A.-L. et A. d'Apremont

Mythologie celtique (3ème éd.)
Tradition celtique
Symboles celtiques
Thierry Jolif

Symboles (3ème éd.) ◇
Héraldique (3ème éd.)
Croix-1
David Gattegno

Géomancie
Yi King (2ème éd.)
Marielle-Frédérique Turpaud

Envoûtement (2ème éd.) ◇
Satanisme (2ème éd.)
Jean-Paul Bourre

Cosmogonies ◇
Hérésies
Roger Parisot

Chronobiologie
Aromathérapie
Bernard Bérigaud

Esséniens
Jean-Claude Violette

Numérologie-1 (3ème éd.) ◇
Numérologie-2
Zariell

Tradition égyptienne
Symboles égyptiens
René Lachaud

Médecine spagyrique
Graal
Patrick Rivière

Énergétique-1
Énergétique-2
Edmond Grzegorzewski

Homéopathie (2ème éd.) ◇
Jean Barbara

Sexologie
Isabelle Trémoulet

Astrologie énergétique
Ange-Jacques Séno

Oracle Belline (2ème éd.)
Laurence Luyé-Tanet

Guérisons miraculeuses
Fabrice Kircher

Rennes-le-Château ●
Daniel & Fabrice Kircher

Prodiges
Sciences impossibles
D. Becker & F. Kircher

Naturopathie (2ème éd.)
C. & A. Corvaisier

Mégalithes
Myriam Philibert

Orthodoxie (2ème éd.)
Frédéric Luz

Shiatsu
Violette Melendez

Chiffres
Roger Postiaux

Hypnose (2ème éd.)
Lucien Liroy

Immortalité
Vincent Klein

Homosexualité
Philippe Randa

Chant grégorien
Jacques Viret

Rose+Croix
Jean-Marc Vivenza

Méditation bouddhique
Érik Sablé

Chamanisme (2ème éd.)
Thierry Piras

Astrologie chinoise (3ème éd.) ◇
Natacha Raphaël

Diététique
J.-F. Mazouaud & M.-F. Jambet

Astrologie indienne
Jean Dethier

Colorthérapie
Maurice Chavelli

Franc-maçonnerie (2ème éd.)
Philippe Lestienne

Antimaçonnisme (2ème éd.) ◇
Jérôme Rousse-Lacordaire

Tarot (3ème éd.) ◇♦
Carole Sédillot

Le Grand Jeu de Mlle Lenormand
C. Sédillot & C. Frelaut

◇ Traduit en portugais par les éditions Hugin – ♦ Traduit en espagnol par les éditions Alcántara – ● Traduit en italien par les éditions Lindau

La calligraphie du titre de la collection B.A.-BA est de Christian Zimmermann.

ISBN 2-86714-311-X
ISSN 1245-1916

SOMMAIRE

AVANT-PROPOS

> *« Se mettre sous la protection divine est un des actes ordinaires de l'homme pieux dans toutes les religions. Le kabbaliste, dont tous les gestes, toutes les pensées, tous les sentiments sont consacrés à Dieu, ne manque donc pas à la religieuse discipline qui consiste à invoquer l'assistance d'En-Haut. »* (Paul Vulliaud.)

Suivant son sens le plus général, le mot kabbale se traduit par « tradition »... c'est-à-dire, la tradition hébraïque. C'est au cours du XIIe siècle qu'il a été spécialement adopté par certains spirituels, pour définir le contenu général de leur quête et le champ de leurs recherches. Aux yeux des *meqouballim*, les « hommes éclairés » du *Zohar*, la Kabbale a pour objet de dévoiler les arcanes de la révélation faite à Moïse au Sinaï, de sonder le mystère de la Création, d'établir la nature du rapport de l'homme à Dieu. La finalité opérative étant la « restauration » (*tiqqoun*) de l'homme, exilé dans le monde, jusqu'à la « conjonction » divine (*deveqout*).

La Kabbale est le *cœur* vivant du judaïsme, son rythme secret, si l'on veut, comme la Torah (la Loi révélée, écrite) en est la substantielle *moelle*, et le Talmud (la Loi orale, l'exégèse « exotérique »), le *souffle*. Pour les kabbalistes, Torah et Talmud forment toute la matière de l'Œuvre. À l'exégèse talmudique des savants *tannaïm* et *amoraïm*[1], ils associent les spéculations gnostiques, théosophiques et philosophiques qui s'épanouirent au Moyen Âge, en Allemagne, en France, en Espagne ; plus tard, en Terre sainte et en Europe centrale.

La racine QBL (verbe *qabbal*), en hébreu et en arabe, connote les idées de « réception », d'« accueil », d'« acceptation »... Elle est ce qui contient, le réceptacle, et, par extension, le contenu lui-même : ce qui est reçu. C'est aussi l'idée de « transmission » d'une chose *à* une autre, ou *dans* une autre. Ou, encore, ce qui est « vis-

1. Pour les mots et concepts religieux usuels, on peut consulter notre *B.A.-BA du judaïsme.*

à-vis», «en présence de», «ce en face de quoi on est en présence» (A. D. Grad)... Pour Simon Luzzatto, c'est «la relation de celui qui apprend avec son maître»[2]. On la rapproche d'autre part de QDM, dont le sens général est «ce qui précède», «ce qui prime», mais aussi «ce qui progresse», donc, là encore, «ce qui se transmet». C'est enfin l'orient, le lever du jour, la lumière qui croît... symboliquement l'«origine». La Kabbale apparaît ainsi comme le réceptacle de la Lumière-Connaissance originelle, réfractée dans le cadre exotérique de la Loi «moïsiaque»: Alliance passée par Dieu avec Son «Peuple élu». Cette Lumière primordiale s'est dévoilée et diffusée, depuis l'orient de la Terre sainte, selon une progression dont les grandes étapes nous sont connues, mais aussi selon des modes personnels plus subtils.

Ainsi de la filiation «éliatique» d'un maître mystérieux (le *maggid*, celui qui «narre», qui «rapporte»), «informant» directement certains savants, rabbins ou simples initiés. Car cette connaissance véritable, «ésotérique», des secrets de Dieu – donc ceux de la nature intime de l'homme et du monde – est destinée au petit nombre de ceux qui bénéficient d'exceptionnelles dispositions du cœur, jointes à une disponibilité morale bien supérieure à la moyenne. Pour le cœur, il s'agit de «recevoir» l'unité des lumières et présences divines... Pour l'âme, de se «dépasser», de s'arracher à l'apparence trompeuse de la multiplicité et de la littéralité des choses. Ni plus, ni moins.

On a dit que la Kabbale était la «doctrine mystique et métaphysique des Hébreux...», ce qui est discutable. D'abord parce que la Kabbale n'est pas une doctrine, mais la «tradition», nous venons de le rappeler: un mode de transmission et d'investigation des Mystères de l'Écriture sainte. Ce qui suppose, outre l'attache religieuse, un corps doctrinal pour la définir, une initiation pour la recevoir, un maître pour l'enseigner, diverses méthodes pour la réaliser.

Quant au mot «mystique», il existe bien une Kabbale s'adressant à des tempéraments plus extatiques que spéculatifs, comme on le verra avec les hassidim. On ne saurait pour autant confondre éso-

---

2. Cité par François Secret, *Les Kabbalistes chrétiens de la Renaissance* (KCR), Archè, Milano, 1985, p. 327.

térisme et mystique. Par contre, on peut soutenir, avec Gershom Scholem, que la Kabbale est le cadre en lequel « les tendances mystiques au sein du judaïsme ont trouvé comment écouler leur sève... »[3]. La Kabbale est la « voie des initiés », non celle des « mystiques », dira René Guénon[4]. Sa finalité est celle de toute authentique voie initiatique : viser graduellement la réalisation des états supra-individuels, jusqu'à l'union divine. La Kabbale propose, à tout juif apte intellectuellement et moralement, de gravir l'« échelle » dont Jacob eut en songe la vision, dans le pieux respect de la Torah donnée par Dieu à Moïse et au « Peuple élu ». Il s'en faut de beaucoup que tous ceux qui s'y engagent parviennent au but dès l'ici-bas, mais chacun doit y tendre par l'« intention » (*kavvana*), dans la foi et l'espérance de la rédemption... C'est là l'essentiel.

La Kabbale verra se développer, au XVIe siècle, un courant original. Il offre de réaliser, aujourd'hui même, le Messie intérieur, caché, dont la venue « historique » annoncera la fin des tribulations pour le peuple juif[5]. Car c'est bien l'« oint » du Seigneur qui réconciliera ultimement la créature « élue » et son Créateur.

S'il n'y a donc qu'« une » Kabbale – comme il n'y a qu'un centre pour un cercle –, il est vrai qu'elle revêt des aspects divers, comme les tempéraments spirituels et psychologiques de ceux à qui elle s'adresse. Elle est dévotionnelle, gnostique, philosophique, mystico-messianique, pratique et même « magique » par ses applications inférieures, ces aspects pouvant se combiner. Pour ce qui est de la magie, on ne dira jamais assez (avec tous les maîtres !) à quel point elle peut être trompeuse, donc nuisible. L'ésotérisme n'a que faire des « pouvoirs » qui sont illusions et ruine de l'âme. Son objet est la Sagesse, l'Intelligence, l'Un seul.

Tradition « essentiellement initiatique » (René Guénon), ce qu'on dira ici de la Kabbale ne peut rendre compte que de principes généraux et d'un état d'esprit. Ce qui est déjà beaucoup, tant sont difficiles ses enseignements, et ramifiés ses points de vue. René Gué-

3. Gershom Scholem, *La Kabbale et sa symbolique* (KS), Payot, Paris, 1966, p. 107.

4. René Guénon, *Formes traditionnelles et cycles cosmiques*, Gallimard, Paris, 1970, p. 93.

5. On pourra toutefois établir certains rapprochements avec la théosophie chiite et la doctrine imamologique du « maître caché ».

non faisait observer à quel point les textes parlent souvent « de toute autre chose que de ce dont ils semblent parler »[6]. Les traductions littérales (à commencer par celle du *Zohar*), sont, en effet, à peu près illisibles en l'absence de paraphrases et de commentaires ; de surcroît, les textes anciens sont souvent fragmentaires. La richesse même de la Torah ne nous échapperait-elle pas sans le secours de l'exégèse talmudique, qui est à l'exotérisme ce que la science kabbalistique est à l'ésotérisme ?

Pour le XXe siècle, Gershom Scholem (né à Berlin en 1897, mort à Jérusalem en 1982) restera le grand interprète de la Kabbale, qu'il dégagera de la gangue des préjugés en vogue. Dès l'âge de dix-huit ans, dans un milieu familial hostile, à contre-courant des universitaires (conservateurs comme réformateurs), il manifestera une profonde curiosité pour les « sujets kabbalistiques » et l'étude du *Zohar*. Une quarantaine d'ouvrages et des centaines d'articles témoigneront d'une passion pour l'Absolu, partagée, notamment, par le philosophe Martin Buber (m. 1965). Scholem portera un jugement salutaire sur la pseudo-Kabbale des occultistes. Dans *Le Nom et les symboles de Dieu*, il dénoncera sans détour les « charlataneries » des Éliphas Lévi (l'abbé Alphonse Louis Constant... qui délivrait des diplômes de « docteur en Cabale » !), Papus (le Dr Gérard d'Encausse) et autres Frater Perdurabo (Aleister Crowley) qui « se sont servis du sceau de la Kabbale pour donner libre cours à leur imagination débridée ». Depuis un siècle, leurs émules ne manquent pas, hélas !

Pour notre part, nous nous appuierons sur les travaux remarquables de Charles Mopsik (traducteur du *Zohar*), Roland Goetschel, Georges Vajda, Adolph D. Grad, d'autres encore, auxquels nous renvoyons le lecteur soucieux d'approfondir le sujet. Enfin, à titre plus personnel, nous tenons à exprimer notre gratitude à l'égard de Léo Schaya (m. 1986), pour l'exceptionnelle profondeur de son œuvre écrite.

---

6. René Guénon, *Formes traditionnelles..., op. cit.*, p. 108. Saadiah Gaon (Xe siècle) disait que certains versets précieux, voire toute l'Écriture, sont comme « une serrure dont la clef a été perdue ». Cette clef, Dieu l'a confiée, en mains propres, aux sages kabbalistes.

Chapitre I

DÉFINITIONS ET EXÉGÈSE

L'ÉSOTÉRISME JUIF

Avec ses doctrines et méthodes propres, l'objet de la Kabbale est la saisie du « Réel en soi » (Léo Schaya)... La voie du kabbaliste relevant, foncièrement, de la « contemplation spirituelle » alliée à l'« intuition intellectuelle »[1].

Charles Mopsik dit que la Kabbale « ne devrait pas être confondue avec un ésotérisme, parce que tout membre de la société juive peut accéder aux connaissances qu'elle propose *à condition* (c'est nous qui soulignons) de posséder une maturité intellectuelle, psychologique et morale suffisante »[2]... Mais, précisément, c'est cette « condition », cette aptitude spéciale de l'âme et du cœur à « recevoir » (QBL) le dépôt intégral de la Présence divine (*Shekinah*), qui fait qu'on peut parler d'ésotérisme ! Or, bien peu de juifs sont capables d'appréhender les profonds « mystères de la sainte Écriture », et même, assurément, rares furent ceux qui, par le passé, seulement y aspirèrent ! Le mystère de la révélation et de la réception de la Parole de Dieu, fut, de fait et pendant des siècles, transmis « de bouche à oreille » à de petits cercles d'initiés, quasi « familiaux ». Lors même que la Kabbale commença à être exposée publiquement, les maîtres en préservèrent le caractère élitiste, usant d'une terminologie propre, recourant à un enseignement et à une

---

1. L'homme connaît son âme par l'esprit qui la transcende. La pensée, elle, n'est que « le trait d'union entre l'homme et l'esprit... » (Léo Schaya). Ne permettant pas l'identification de l'objet connu au sujet connaissant, la raison est impropre à réaliser la connaissance de Dieu.

2. Charles Mopsik, *Les Grands textes de la Cabale* (GTC), Verdier, Lagrasse, 1993, p. 34.

discipline hors de portée du simple croyant. Ce sont bien là les caractères les plus visibles et généraux de tout ésotérisme.

Une autre mise au point s'impose. Contrairement à ce que beaucoup pensent encore, la Kabbale n'est pas une magie, mais une théurgie. Le «kabbaliste» (au sens large du mot) est, opérativement, un *théurge*, comme il est, spéculativement, un *théosophe*. L'acte magique présuppose une manipulation des puissances naturelles, et il force toujours les choses... alors que l'acte théurgique «coopère consciemment» (René Guénon) à la réalisation du Plan divin. Le théurge fait nécessairement ce que Dieu veut. Il agit par la Volonté, par la Sagesse et l'Intelligence de Dieu, non par lui-même, comme le magicien. D'où cette conception, très chère aux kabbalistes, que les activités commandées par Dieu, lorsqu'elles sont effectuées ici-bas, renforcent la cohésion de tout l'édifice divin: microcosme, macrocosme et métacosme. Les grandes activités théurgiques, sur lesquelles nous reviendrons, sont: les bénédictions et prières, le sacrifice, le shabbat, la psalmodie de la Torah avec l'invocation des Noms divins, et, par-dessus tout, le parfait respect des six cent treize commandements.

Le kabbaliste «agit et pense en tant qu'homme fidèle (aux devoirs de) sa religion»[3]. C'est ainsi que Moïse triompha sans peine des magiciens du Pharaon, ou que le son du *shofar* fit s'effondrer les «murailles psychiques» de Jéricho. Les exemples abondent dans l'Écriture.

Parmi d'autres, Moïse de León (m. 1305) a formulé clairement ce principe fondamental, sans la reconnaissance duquel rien n'est compréhensible:

> «Toutes les réalités du monde d'ici-bas et toutes ses productions ont mouvement et puissance à partir de l'En-Haut [...] Et quand on touche telle chose d'en-bas, la Puissance qui la patronne En-Haut se réveille.»[4]

---

3. *Ibid.*, p. 28.

4. *Ibid.* p. 78, note 11.

Cette Puissance qui s'éveille, ébranlée par son affinité avec l'acte théurgique qui lui correspond (et donc, *a priori* agréé), est l'Acte même de Dieu. Par cette réciprocité, le divin et l'humain se conjoignent. L'homme, purifié par son acte, restaure et attire le Ciel en lui… Il est ainsi déifié.

Les mots « théurgie » (action « sur » Dieu, par Dieu), et « théosophie » (sagesse « pour » Dieu, par Dieu), s'appliquent à la Kabbale, disons-nous. La théosophie véritable est une intégration intellectuelle de la Loi divine, comme la théurgie en est la mise en œuvre pratique. Il s'agit toujours de rendre compte des processus relationnels qui lient le monde d'En Haut, au monde d'En Bas, Dieu, la Loi et l'Homme, de manière à agir en parfaite concordance avec la volonté du Ciel. C'est ce qu'expose, d'une façon tout à fait originale et très élaborée, la doctrine kabbalistique des Émanations divines, ou Séphiroth[5].

Le judaïsme repose sur la révélation de la Torah (les cinq Livres ou Pentateuque), faite à Moïse et au peuple hébreu. Toutefois, la Loi resterait inapplicable (et d'ailleurs incompréhensible !) sans, parallèlement, une tradition orale qui la complète et une exégèse qui l'explicite. C'est, d'une part, le Talmud (l'« Étude »), inépuisable commentaire exotérique, de l'autre, la « Réception », l'« Écoute », la « Transmission », le commentaire ésotérique des « mystères de la Torah » : la Kabbale.

Le *Zohar* accorde, en effet, soixante-dix « noms » (sons ou lumières) à chaque lettre de l'Écriture ! Ce qui signifie autant de lectures et de chemins possibles reconduisant l'élite des « élus » à l'Absolu. Mieux ! Selon la tradition, il y a « six cent mille interprétations de la Torah », nombre symbolique des Israélites adultes sortis d'Égypte et présents au Sinaï lors de la remise de la Loi. Chaque mot de la Torah a ainsi six cent mille « visages », qui sont autant d'entendements et de modes de relation possibles à Dieu.

5. Le mot « théurgie » sert à qualifier certains courants philosophico-religieux « païens » de la fin de l'Antiquité. Il semble bien, de fait, qu'il y ait eu des relations entre des néo-platoniciens, comme Jamblique ou Proclus, et l'ésotérisme juif.

> «Chaque visage est visible pour l'un d'entre eux (des Israélites) seulement, tourné vers lui seul, et ne peut être ouvert que par lui. Chacun a son propre accès à la Révélation.»[6]

La chaîne ésotérique de la «lumière du Sinaï» (par définition, d'un ordre plus élevé que celle de l'exégèse exotérique des talmudistes) fut transmise, de façon ininterrompue, par les «soixante-dix» sages désignés par Moïse, après la remise de la Loi, puis par une élite d'initiés, dont on peut supposer qu'elle n'est pas étrangère aux trente-six «justes ignorés», anonymes et muets, dont parlent le Talmud et les légendes hassidiques. Elle se prolongera jusqu'à la venue du Messie; son contenu sera alors reçu par tous les Israélites, dans la perspective de leur collective rédemption.

PaRDeS

Les quatre méthodes d'exégèse appliquées pour interpréter l'Écriture sainte sont désignées par l'acronyme quadrilitère PaRDeS: le jardin du «Paradis» (équivalent au sanscrit *Paradêsha*, la «Suprême Contrée») du Mystère divin (*Sod*); le «jardin de la spéculation mystique», pour Moïse de León. Ce sont:

- *Peshat*: «simple» lecture, littéralité.
- *Remez*: «allusion», allégorie midrashique.
- *Derash*: «exposition», homilétique haggadique.
- *Sod*: «mystère», «secret» de Dieu.

Les trois premières lectures relèvent de l'exégèse talmudique. Le *Sod* est le domaine propre de la Kabbale; il signifie, de fait, la fin de l'Exil spirituel, la reconduction de l'âme «élue» à Dieu.

6. Gershom Scholem, (KS), *op. cit.*, p. 21. Le nombre 600 000 est matériellement invraisemblable... C'est que le *eleph,* par lequel on traduit habituellement «mille», peut l'être par «famille». Six cents familles, ou clans, seraient déjà une population conséquente.

SCIENCE DE LA LECTURE

Les kabbalistes ont tout particulièrement développé une science combinatoire des « lettres » et des « nombres », autour de quatre procédés principaux:

- La *gematria*: mot grec, apparenté à la fois à *geometria* et à *grammateia*. Elle est fondée sur les équivalences numériques des lettres. On rapproche les mots qui ont une valeur numérique semblable.

Valeurs des 22 lettres de l'alphabet hébraïque						
		A	B	C	D	
A	Aleph	1	1	A-L-Ph	1 + 30 + 80	111
B	Beit	2	2	B-Y-T	2 + 10 + 400	412
G	Ghimel	3	3	G-M-L	3 + 40 + 30	73
D	Dalet	4	4	D-L-T	4 + 30 + 400	434
H	Hé	5	5	H-A	5 + 1	6
V	Vav	6	6	V-Y-V	6 + 10 + 6	22
Z	Zayn	7	7	Z-Y-N	7 + 10 + 50	67
H	Het	8	8	H-Y-T	8 + 10 + 400	418
Th	Thet	9	9	Th-Y-T	9 + 10 + 400	419
Y	Yod	10	10	Y-V-D	10 + 6 + 4	20
K	Kaph	11	20	K-Ph	20 + 80	100
L	Lamed	12	30	L-M-D	30 + 40 + 4	74
M	Mem	13	40	M-M	40 + 40	80
N	Nun	14	50	N-V-N	50 + 6 + 50	106
S	Samek	15	60	S-M-K	60 + 40 + 20	120
'	Ayn	16	70	'-Y-N	70 + 10 + 50	130
P-Ph	Pé-Phé	17	80	Ph-A	80 + 1	81
Ts	Tsadé	18	90	Ts-Y-D	90 + 10 + 4	104
Q	Qoph	19	100	Q-V-Ph	100 + 6 + 80	186
R	Resh	20	200	R-Y-Sh	200 + 10 + 300	510
Sh	Shin	21	300	Sh-Y-N	300 + 10 + 50	360
T	Tav	22	400	T-V	400 + 6	406

A: Rang numérique
B: Valeur numérique simple
C: Décomposition des lettres constitutives
D: Somme des lettres constitutives

- Le *notariakon*: mot grec (*cf.* le latin *notarius*: relatif à l'écriture) : usage des lettres initiales, médianes et finales des mots, pour retrouver un sens commun.

- La *temourah*: permutations, échanges, substitutions et combinaisons des lettres.

- Le *tserouph*: établissement de correspondances littérales, au moyen d'alphabets décalés.

On connaît encore d'autres procédés d'interprétation, comme la lecture à rebours des lettres au sein d'un mot, des mots au sein d'un verset, etc. Moïse Cordovero, par exemple, en retenait huit. On médite aussi sur la forme des lettres. La *gematria* établit ainsi des relations entre celles-ci et les polygones réguliers (aleph = triangle, beit = carré, ghimel = pentagone, dalet = hexagone, hé = heptagone, vav = octogone, etc.), ainsi qu'avec les volumes correspondants.

La science des nombres et des lettres est commune aux savants juifs et musulmans, ce qui est dû à la constitution consonantique commune des langues hébraïque et arabe. On sait que la racine (généralement trilitère) du mot, son « radical », doit être dégagée des préfixes et suffixes. C'est par elle que l'on établit les parentés (spirituelles) des mots, et met à jour les « idées » dont ils procèdent. Dans ces langues, « la signification des mots est inséparable du symbolisme littéral, et il serait impossible d'en donner une interprétation complète, quant à leur sens le plus profond [...] sans tenir compte de la valeur numérique des lettres qui les composent »[7].

> « Le mot et le nombre servent au hassid de fil conducteur pour retrouver la correspondance et le sens profond de toutes les choses, la présence divine sous-jacente à l'ordre du monde [...] Dans cette optique, la moindre addition ou soustraction

---

7. René Guénon, *Formes traditionnelles..., op. cit.*, p. 68 et p. 78. Saint-Yves d'Alveydre, dans une lettre adressée à un ami (non identifié), en 1901, estimait que l'alphabet sémitique de vingt-deux lettres possède un « prototype aryen japhétique »... *Chi lo sa?*

d'une lettre (de l'Écriture sainte, devient) une faute contre l'Esprit.»[8]

Pour l'ésotérisme musulman, on peut citer le maître persan Sohravardî (m. 1191), dans son dialogue du *Bruissement des ailes de Gabriel*:

> «Enseigne-moi maintenant le Verbe de Dieu… le Sage (= l'Ange, la Sagesse illuminative) prit ma tablette (= le «miroir» de l'intellect) et m'enseigna un alphabet (c'est-à-dire l'«ordre» processionnel) grandement merveilleux, à tel point que je pouvais comprendre (l'essence de) toute sourate coranique que je voulais […] Ensuite, j'appris la science de l'abjad (valeur numérique des lettres = gematria).»[9]

Cette même science fut connue aussi des gnostiques chrétiens, sur la base, cette fois, de l'alphabet grec et du pythagorisme[10].

La «forme numérique» des «lettres» de l'Écriture est le contenu même de la révélation. L'herméneutique les reconduit à leurs archétypes transcendants, dont la totalité forme la Torah (ou le Coran) céleste. L'âme du gnostique, par cette opération intérieure, par cette spéculation, s'élève avec elles, jusqu'à réaliser la moelle du secret de toute l'Écriture. Les modèles célestes des lettres sont identiques, en dernière analyse, aux Verbes et Noms divins majeurs, aux Intelligences ou Lumières spirituelles, aux

8. Roland Goetschel, *La Kabbale*, P.U.F. — Que Sais-je?, Paris, 1998, p. 57. On remarquera que les mots «nom» (*shem* = Sh-M) et «nombre» (*sephar* = S-Ph-R) ont une même valeur numérique: 340.

9. Sohravardî, *L'Archange empourpré*, trad. Henri Corbin, Fayard, Paris, 1976, p. 233.

10. Le grec, l'hébreu, l'arabe, sont des langues sacrées… «hiératiques», a-t-on dit. Elles sont des reflets de la langue originelle, la «Parole perdue». Mais le grec relève *a priori* d'un symbolisme géométrique, visuel donc, alors que l'hébreu et l'arabe relèvent d'un symbolisme phonétique, vocal. Ajoutons que la *gematria* n'utilise que des nombres entiers. Comme pour les philosophes grecs, les nombres irrationnels (sur lesquels repose tout l'édifice scientifique moderne… avec son cortège de désastres) ne sont qu'œuvre humaine, non celle de Dieu.

Hypostases (arché) angéliques, aux dix Émanations du plérôme divin ou Sephiroth.

Moïse Cordovero (m. 1570) dira :

> « Chaque lettre possède une forme spirituelle et un luminaire glorieux émané de l'essence des Séphiroth *[cf. infra]*, procédant comme une chaîne, de degré en degré [...] La lettre est un palais et un habitacle pour cette spiritualité [...] À partir du souffle de la bouche se constituent des formes saintes qui s'élèvent et se rattachent à leurs racines, qui sont la racine de l'Émanation [...] C'est ce qui fait la sainteté de la Torah. »[11]

La lecture de la Torah (ou du Coran pour les musulmans), dans la langue sacrée de la révélation, est une activité théurgique majeure, puisqu'elle permet de remonter jusqu'au monde des Émanations, en sollicitant l'ensemble du plérôme divin. La même chose vaut, *a fortiori*, pour les paroles des prières canoniques.

---

11. Cité par Ch. Mopsik, (GTC), p. 421.

CHAPITRE II

L'ANCIENNE TRADITION GNOSTIQUE ET MYSTIQUE

« Il n'y a pas un seul verset, dans l'Écriture sainte [...] qui ne renferme plusieurs sentiers conduisant au mystère de la Sagesse. » (Zohar.)

HEKHALOT ET MERKABA

Après la destruction du second Temple, alors que les savants compilent la tradition orale et élaborent le Talmud, se diffuse un ensemble de textes anonymes qui témoignent d'un ancien fond gnostique. On les qualifie de littérature des Palais (Hekhalot) et du Char (Merkaba). Leur importance ressort du fait qu'ils constituent un maillon indispensable entre certains écrits du canon biblique et le *Sefer ha-Yetsirah* (apparu autour du VIe siècle), et donc avec la Kabbale elle-même qui s'est attachée à l'étude de ce court traité, aussi abscons que novateur.

Dans la perspective inspirée des dix premiers chapitres de la vision d'Ézéchiel (VIe siècle av. J.-C.), ils décrivent l'élévation de l'âme du mystique à travers les sept « Palais » ou « Appartements » (Hekhalot) du Ciel jusqu'à la contemplation du « Char » divin (Merkaba : racine RKB, associée à l'idée de « bénédiction »), au service du « Trône » de gloire (Kîsseh), en compagnie des anges préposés à cette œuvre. Ce sont, pour l'essentiel :

- Les *Hekhalot Rabbati* (Les Grands Palais).
- Les *Hekhalot Zoutarti* (Les Petits Palais).
- Le *Maaseh Merkaba* (L'Œuvre du Char).
- Le *Merkaba Rabba* (Le Grand Char).
- Le *III Hénoch* (version hébraïque du *Livre d'Hénoch*, *Hénoch I* et *Hénoch II* étant des versions éthiopienne et slave).

On peut ajouter le *Shiur Qomah* (La Mesure du Corps), aux origines non moins énigmatiques : description anthropomorphique de la Divinité et des Noms divins, vision du Corps logotype de l'Homme universel. Les kabbalistes se désigneront parfois eux-mêmes comme « ceux qui mesurent ». Enfin, le *Maaseh Bereshit*, qui traite des mystères de la création.

On a relevé les affinités que présente cette littérature avec le plérôme des écoles gnostiques, fait d'éons, de puissances et d'archontes. À la croisée du judaïsme et des divers courants intellectuels charriés par la pensée grecque post-alexandrine, le thème du voyage ascensionnel de l'âme était alors très répandu dans le monde proche-oriental et méditerranéen. Mais l'historique en est embrouillé ; il est difficile de dégager les sources d'écrits souvent fragmentaires, composites et remaniés, ni même de savoir toujours à qui, au juste, ils étaient destinés. G. Scholem affirmera, pour sa part, n'avoir aucun doute « au sujet d'une relation entre les plus anciens textes de la Merkaba préservés à Qoumran (dans le milieu essénien) et le développement subséquent du mysticisme de la Merkaba »[1].

Le « mystique » (*yored*, par analogie inverse, celui qui « descend » = *yârad*, intérieurement, vers la Divinité) doit maîtriser la Torah écrite et orale, observer les commandements, connaître les prières et les Noms de Dieu qui ouvrent les portes des Palais, et présenter, bien sûr, de solides garanties morales et psychologiques. La préparation de l'âme au voyage était certainement fort exigeante. On dit que l'ascèse pouvait durer quarante jours consécutifs. L'expérience du « retour » n'est d'ailleurs pas sans périls… Le traité talmudique *Hagigah* rapporte comment, des quatre rabbins qui pérégrinaient de concert jusqu'au Pardes, seul Rabbi Aqiva revint indemne. L'un mourut, l'autre devint fou, et le troisième renia la foi de ses pères. L'enseignement de ces textes est donc formellement décommandé à ceux qui ne sauraient « être sages et entendre

---

1. Cité par R. Goetschel, *La Kabbale, op. cit.*, p. 12. Rappelons ici que les esséniens ne sont pas une secte d'« hérétiques », mais une composante régulière du judaïsme, à l'époque du Christ.

d'eux-mêmes» (Yohanan ben Zakkaï). Ce qui fait, peut-être, la spécificité du *yored* par rapport aux autres voyageurs mystiques, c'est qu'il est explicitement «considéré comme l'envoyé de l'Israël terrestre» (A.D. Grad). Il ne s'agit pas, pour lui, d'une expérience individuelle, mais d'une «union liturgique», pontificale, entre Dieu et Son peuple.

Parmi les textes du canon biblique, le Cantique des Cantiques (*Shir ha-Shirim*) est considéré par les mystiques comme «la plus sainte des Écritures». On sait qu'il a été introduit, après force controverses, au Ier siècle, par Aqiva ben Joseph. Composé de 117 (9 fois 13) versets, sa structure repose sur le nombre 9 et ses multiples. Son interprétation midrashique est fort développée, et les kabbalistes l'étudieront à l'égal des premiers chapitres de la Genèse ou d'Ézéchiel. Suivant le *Zohar* lui-même :

> «Il est le résumé de toute l'Écriture, de toute l'œuvre de la création, du mystère des patriarches, de l'exode hors d'Égypte, de la délivrance de l'âme, du Décalogue, du Nom sacré [...] Il renferme tout ce qui existe, ce qui a existé et ce qui existera.»

Aqiva placera le Chant d'Amour de Dieu pour la Bien-Aimée (Israël) et leurs noces spirituelles, sur le même pied que la Torah entière. C'est laisser entendre l'importance de ce texte sans équivalent, qui, normalement, n'est abordé par les étudiants en théologie qu'à la fin de leurs études, avec les écrits eschatologiques.

Les Sephiroth, le Trône, le Char et les catégories célestes			
Le Trône divin	I	Kether	Les Vivants (Hayyot)
	II	Hokmah	Les Roues (Ophanim)
	III	Binah	Les Trônes (Herelim)
Le Char (Merkaba)	IV	Hesed	Les Rayonnnants
	V	Dîn	Les Brûlants (Séraphins)
	VI	Tipheret	Les Brillants
	VII	Netsah	Les Chrysolites
	VIII	Hod	Les Fils d'Élohim
Sous le Char	IX	Yesod	Les Chérubins
	X	Malkut	Les Âmes élues

Ces derniers entrent, en effet, dans la sphère de la mystique juive ancienne, avec le livre de Daniel et le livre des Jubilés (milieu IIe siècle av. J.-C.), avec les pseudo épigraphes et les apocryphes à vocation apocalyptique (grec *apocalypsis*: «révélation»). Les *Apocalypse d'Abraham,* ou *d'Élie,* les *Testament d'Isaac,* ou *des Douze Patriarches*, etc., furent rédigés jusqu'au IIe siècle de notre ère. Suivant la définition qu'en donne R. Goetschel:

> «L'apocalyptique prétend prolonger l'ancienne prophétie [...] Elle place son message dans la bouche des sages de l'Antiquité, tels qu'Adam, Enoch, Moïse ou Élie. [Par là, elle] vient dévoiler ce qui était antérieurement dissimulé ou mal entendu.»[2]

LE *SEFER HA-YETSIRAH*

C'est autour du VIe siècle, dans un poème liturgique d'Éléazar Qallir, qu'est mentionné le *Livre de la Création*, ou plutôt de la *Formation*, traditionnellement attribué au patriarche Abraham. Cet ouvrage, dont on connaît deux versions, résiste à l'approche critique. On a relevé des ressemblances avec les *Pseudo Clémentines* (datées du IVe siècle), ou encore avec le *Pseudo Alexandre d'Aphrodise*... Une source commune, depuis longtemps perdue, n'est pas à exclure. Quoi qu'il en soit, le *Sefer ha-Yetsirah* est «un des textes spéculatifs les plus anciens rédigés en hébreu» (DEJ); il jouit d'une grande renommée, aussi bien chez les *hassid* d'Allemagne (commentaire d'Éléazar de Worms) que chez les philosophes et, bien sûr, chez les kabbalistes qui le considèreront à l'égal du *Zohar*. On citera, pour le XIIIe siècle, les commentaires d'Isaac l'Aveugle et d'Abraham Aboulafia, pour le XVIe siècle, celui de Moïse Cordovero, pour le XVIIIe siècle, celui d'Eliyah de Vilna. La Kabbale «lourianique» s'en inspira fortement. On connaît ainsi une cinquantaine de commentaires du *Yetsirah*. Pour G. Scholem, c'est le «premier texte de la littérature juive qui nous livre les mots clés de la mystique du langage des kabbalistes»[3]. Pour A. D. Grad,

---

2. Roland Goetschel, *La Kabbale, op. cit.*, p. 8.

3. Gershom Scholem, *Les Noms secrets de Dieu dans la mystique juive*, p. 65.

c'est « le livre de la Méditation par excellence, car le mot *yetsirah* vient du verbe *yatsor*, qui signifie : créer, former, mais aussi : méditer [...] Créer, c'est méditer ; méditer, c'est créer »[4].

Le *Livre de la Formation* fut traduit en latin par Guillaume Postel (*cf. infra*), en 1552, dix ans avant sa première édition imprimée en hébreu (à Mantoue). L'occultiste Papus en donna une version française, en 1888.

C'est dans cet ouvrage « au caractère hermétique » (DEJ) qu'apparaît la première mention du mot *sephiroth* pour qualifier les dix nombres primordiaux, « principes métaphysiques de la création » (R. Goetschel). « Principes », « qualités », « essences » ou « mesures », au sens où les doctrines hindoues entendent le mot sanscrit *mâtra* : « mesure », « détermination », « assignation », « délimitant le domaine propre d'une certaine qualité »[5]. Ce sont encore les « idées principielles », les « archétypes » de Platon.

Ce qui vaut pour les dix « nombres » vaut pour les vingt-deux « lettres ». Nombres idéaux, les Sephiroth sont les dix mesures du déploiement cosmique : les six directions de l'espace, l'origine et la fin, les tendances centripète et centrifuge... Lettres idéales, les vingt-deux consonnes de l'alphabet hébreu sont l'énonciation de Dieu dans l'Acte de Sa création. Nombres et lettres, ensemble, composent les « trente-deux voies merveilleuses (ou mystérieuses) de la Sagesse, par lesquelles Dieu a gravé le monde »[6].

Le *Sefer ha-Yetsirah* décrit l'émanation des lettres, à partir du Souffle divin (*Rûah Elohim Hayim* : l'Esprit-Souffle du Dieu Vivant) qui, par sa condensation, forme l'Ether (*Avir*) primordial, quintessence des Éléments dont seront formées ensuite les créatures.

Les 231 combinaisons et permutations possibles à partir des « Trente-deux sentiers de la Sagesse » (nombres et noms) sont à

---

4. A.D. Grad, *Comprendre la Kabbale*, *op. cit.*, p. 45.

5. René Guénon, *L'Homme et son devenir selon le Vêdânta*, Éditions Traditionnelles, Paris, 1972, p. 75.

6. Dieu « grave » et « taille dans la pierre » son œuvre, comme, au Sinaï, les Tables de la Loi. Cette empreinte est, par excellence, Sur-Lumière. C'est la Lumière de l'Incréé imprimant le Créé.

le la multiplicité indéfinie des créatures. Ce sont les « 231 », ou encore les « 231 racines » de la langue hébraïque, sacrée, théurgique, nous y insistons. Ainsi, dit le *Sefer ha-h*, « toute créature, toute parole (puisqu'il ne saurait y avoir de création sans verbe), procède d'un nom », c'est-à-dire d'un des Noms par lesquels Dieu se qualifie Lui-même[7]. C'est aussi là, les fondements d'une science grammaticale, d'une grammaire sacrée (comme en connaît notamment l'hindouisme avec le sanscrit), qui concerne autant les maîtres du Talmud que les kabbalistes. Pour ces derniers, elle est un support fondamental de méditation ; sous leur forme graphique, les lettres ou groupes de lettres agissent comme de véritables *mantras*.

SYMBOLISME DES LETTRES

Les vingt-deux lettres sacrées sont réparties en trois groupes :

- Les trois lettres « Mères » : Aleph, Mem, Sin. Elles correspondent aux trois Sephiroth supérieures du Monde de l'Émanation (*cf. infra*). Aleph est représentée par le fléau de la Balance divine, Mem par le plateau droit de la Miséricorde, et Sin par le plateau gauche de la Rigueur.

- Les sept « Doubles », parce qu'elles permettaient, dans l'ancien hébreu, une double prononciation. Ce sont les « Extrémités » du monde : Beit, Ghimel, Dalet, Kaph, Pé, Resh, Tav. Soit : haut, bas, est, ouest, nord, sud, centre. Elles correspondent aux sept Sephiroth inférieures des Mondes de la Formation et de la Création, et donnent aux choses leur cohésion. Ce sont les sept jours de la semaine, les sept planètes, les sept orifices de la tête, etc.

- Les douze autres, dites « Simples », bornent le monde visible. Elles correspondent aux signes zodiacaux, aux mois et saisons du cycle solaire annuel, aux arêtes du cube. Ce sont encore les fonctions ou organes principaux chez l'homme.

---

7. La notion selon laquelle chaque acte de la création fût scellé (en Dieu) par le Nom divin, est un élément ancien de la gnose juive. On la trouve ainsi dans les *Hekhalot Rabbati*.

Chapitre III

LES PREMIERS KABBALISTES

« Il est uni à tout, et tout est uni à Lui. »
(Isaac l'Aveugle.)

LES HASSID ASHKENAZES

On considère le milieu des « pieux » ou « dévots » d'Allemagne médiévale, comme celui où s'épanouit primitivement la Kabbale. Cette forme de piétisme influença, du reste, aussi bien les foyers d'études rabbiniques du nord de la France, que les foyers naissants de la Kabbale méridionale. On peut supposer que le développement du piétisme contrebalançait les tendances « dialecticiennes » des disciples et commentateurs de Rachi (Rabbi Salomon ben Isaac), qui enseignait le Talmud dans sa ville de Troyes. Cet enseignement, dit « tosafiste », plutôt étranger aux manifestations mystiques, fut rapidement dominant en Europe occidentale. Lorsque les hassid déclinèrent, au cours de la seconde moitié du XIIIe siècle, « nombre de leurs idées furent absorbées par la Kabbale qui prospérait alors »[1].

La colonne vertébrale de ces modestes (mais sans doute influentes) communautés mystiques fut représentée par les Kalonymos, grande famille de lettrés originaire d'Italie du Nord, installée en Rhénanie vers le IXe siècle (on sait que Charlemagne y favorisa les implantations juives). Les villes de Ratisbonne, Spire, Worms et Mayence les hébergèrent. Le patriarche nous est connu sous le nom de « l'Ancien ». Les trois personnalités majeures furent son fils Samuel he-Hassid (seconde moitié du XIIe siècle), son petit-fils Yehoudah he-Hassid (m. 1217) à qui on attribue un traité d'éthique, le *Livre des Pieux*; enfin, un disciple, Éléazar ben Yehoudah de Worms (m. 1230), surnommé « l'Apothicaire ». On cite encore un Abraham de Cologne.

---

1. (DEJ), p. 714. Le mot *hassid* se trouve dans les Psaumes.

On débattait oralement des questions de théologie et de mystique, la transmission du savoir se faisant de maître à disciple.

> « Leurs principales sources d'inspiration étaient la littérature des anciens mystiques juifs de l'époque talmudique, ainsi que la mystique des *Hekhalot* et de la *Merkavah* qu'ils conservaient pieusement, paraphrasaient et commentaient. »[2]

Les piétistes allemands reconnaîtront à la prière une vocation théurgique de première importance, sachant que « l'ordre, le contenu et les mots [...] n'ont rien de contingent, mais remontent de génération en génération jusqu'à la révélation originelle »[3]. Éléazar s'attacha spécialement à dénoncer la fâcheuse tendance, chez certains, à interpréter trop librement les mots de la liturgie :

> « Je vais mettre par écrit le mystère des prières afin que tout homme connaisse le mystère des bénédictions et oriente son cœur pour servir Dieu... Car le mystère des prières que nous avons reçu remonte de maître en maître jusqu'aux prophètes, anciens, dévots, hommes de la Grande Assemblée qui les ont établies. Celui qui y ajoute ou y retranche une seule lettre ou un seul mot, malheur à lui maintenant et pour l'avenir ! »[4]

Du point de vue éthique, le piétisme postule que la récompense est proportionnée à l'effort, à l'épreuve, voire à la souffrance ; d'où des pratiques ascétiques et pénitentielles marquées, avec la définition de quatre modes de repentir :

- Immédiat : le repentant, ayant commis un péché donné, s'interdit scrupuleusement de commettre le même, si l'occasion s'en présente.
- Littéral : le repentant s'applique à lui-même les peines prévues par la Loi.
- Limitatif : le repentant définit son propre système d'interdictions, auquel il s'astreint.
- Compensatoire : le repentant s'impose une souffrance, une épreuve ou une bonne action qui compense la mauvaise.

---

2. (DEJ), p. 432.
3. Roland Goetschel, *La Kabbale, op. cit.*, p. 56.
4. Cité par Roland Goetschel, *ibid.*

EN LANGUEDOC ET PROVENCE

Suivant G. Scholem, «la Kabbale vit le jour dans le sud de la France, nourrie par une source souterraine venant vraisemblablement d'Orient»[5]. Ses figures fondatrices furent Abraham ben Isaav (m. 1180), président du tribunal de Narbonne, disciple, rapporte-t-on, d'un Juda ben Barsilaï (de Barcelone?), alors que Catalogne et Languedoc relevaient d'une commune identité culturelle et linguistique. Puis son gendre, le Nîmois Abraham ben David de Posquières, ou RaVaD (m. v.1198). C'est vers la fin du même siècle qu'apparaît l'anonyme *Sefer ha-Bahir*, ouvrage très important dont nous parlons plus loin. Ensuite, ce fut le fils illustre du RaVaD: Isaac l'Aveugle (m. 1235), «un mystique purement contemplatif»[6]. Il dira comment lui-même, après ses ancêtres, eut la grande grâce de bénéficier des enseignements du prophète Élie. Il s'agit d'un mode rare de révélation directe, verticale, non conditionnée par une chaîne de transmission initiatique.

Les noms les plus connus de cette époque sont ceux d'Asher ben David, neveu et disciple d'Isaac l'Aveugle, auteur du *Livre de l'Unité*, d'Ezra ben Salomon et de Jacob ben Saül, «le naziréen»[7], originaire de Lunel.

Sans doute Isaac l'Aveugle, le «riche en lumière», n'ignorait-il pas certaines sources platoniciennes comme l'*Art hiératique* de Proclus... Pour Charles Mopsik, «la composante néoplatonicienne de la théurgie des premiers cabbalistes [...] a fusionné avec la composante juive traditionnelle»[8]. On note déjà chez Éléazar de Worms certaines parentés semblables... L'«étoile» de chaque chose ne désigne-t-elle pas son archétype? Le riche commentaire

---

5. Gershom Scholem (KS), *op. cit.*, p. 107. «De la fin du IXe siècle, jusqu'au Xe siècle, on trouve de nombreux textes où le concept de la Kabbale est appliqué aux différents Noms de Dieu. C'est seulement peu à peu que (ce) concept, défini comme une tradition secrète et comme corpus de spéculations ésotériques, va s'imposer.» Moshé Idel et Victor Malka, *Les Chemins de la Kabbale (entretiens),* Albin Michel, p. 18.

6. Gershom Scholem (KS), *op. cit.*, p. 30.

7. De *nazar*, se «vouer» exclusivement à Dieu, pendant un temps donné. C'est la «retraite» (en Dieu), connue dans toutes les religions d'Orient et d'Occident.

8. Charles Mopsik (GTC), *op. cit.*, p. 83.

d'Isaac l'Aveugle sur le *Sefer ha-Yetsirah* n'alla certainement pas sans attirer la suspicion d'un rabbinat peu éclairé, assimilant hâtivement la théurgie à la magie.

Certains ont attribué à Isaac l'Aveugle la paternité du *Sefer ha-Bahir*. Mais, avant de parler de ce nouveau texte capital, précisons un point d'histoire.

On a pu soutenir, ici et là (sans doute l'Église gagna-t-elle, à une certaine époque, à accréditer cette thèse), qu'il existait des liens, voire une complicité, entre les kabbalistes languedociens et les cathares. Les uns et les autres étaient certainement informés de leurs préoccupations respectives, et les communautés pouvaient cohabiter, comme à Béziers ou à Carcassonne. Les XIIe et XIIIe siècles, en Languedoc, furent exemplaires en termes de tolérance. La faculté de médecine de Montpellier se partageait entre professeurs chrétiens, juifs et musulmans... L'école de Lunel vit la traduction des ouvrages de philosophie islamique et redécouvrit, par elle, les sources grecques... Ceci dit, le « dualisme fondamental inhérent à la doctrine cathare[9] » rend invraisemblable toute collusion ou relations profondes. Il n'y a pas de solution de continuité entre le credo farouchement monothéiste du judaïsme kabbalistique et l'hérésie du catharisme.

LE *SEFER HA-BAHIR*

« Une lumière brillante, parmi les nuages. »
(Job 37, 21.)

Le *Livre de la Clarté*, ou de *l'Éclat lumineux* (qui en fait comme un synonyme du mot *zohar)*, est un des plus anciens documents de la Kabbale, compilé en Languedoc (vers 1180) à partir, semble-t-il, de textes qualifiés d'« orientaux ». Cet ouvrage anonyme, d'une quarantaine de pages seulement, sera jugé par G. Scholem, « l'un des textes les plus étonnants, pour ne pas dire incroyable, de la littérature hébraïque du Moyen Âge »[10].

---

9. R. Goetschel, *La Kabbale, op. cit.*, p. 71, note 6. Pour mémoire, la croisade des Albigeois se déroula à partir de 1208.

10. Gershom Scholem (KS), *op. cit.*, p. 108.

אהבה אחד

Suivant une formule chère au cœur des kabbalistes : « Dieu est Amour et Unité. » Ces mots de quatre et de trois lettres ont une même valeur numérique ; sachant que les deux « hé » de AHaBHa sont des gutturales simples, de valeur 5, alors que le « het » de AHaD est une gutturale emphatique, de valeur 8. La graphie de ces deux lettres est quasiment semblable.

Amour : AHaBHa = 1 + 5 + 2 + 5 = 13

Unité : AHaD = 1 + 8 + 4 = 13

Leur somme est donc égale à la valeur du Tétragramme (YHVH = 10 + 5 + 6 + 5 = 26), et l'on vérifie ainsi que Dieu est bien « Amour » et « Unité ».

Les dialogues, construits à partir de commentaires bibliques, sont attribués à plusieurs maîtres du Talmud, voire à des figures « fictives » comme le fameux « Rabbi Amora ». Quoique sa coloration « gnostique » l'ait rendu suspect aux yeux des talmudistes, il faut convenir qu'« il nous livre des interprétations ésotériques soit de versets tout entiers, de lettres de l'alphabet, ou de signes de la cantilation [...] Chaque mot, chaque phrase des Écritures ou des énoncés rabbiniques devient symbole et dénomination d'une réalité céleste »[11].

C'est l'une des plus anciennes sources écrites exposant le système dénaire des hypostases ou puissances divines. Les dix Paroles, ou Lumières, sont figurées par un Arbre (*ilan*) qui s'enracine au plus profond de la Divinité, et dont les branches, dans toute leur ampleur et à leurs différents niveaux, embrassent la totalité de l'Âme du Monde[12].

> « Je suis Celui qui a planté cet Arbre, si bien que tout l'univers le vénère avec enchantement, et J'ai donné forme avec lui, au Tout, et l'ai nommé Tout, car le Tout est attaché à lui, et le Tout vient de lui... et de là sortent les âmes. »[13]

Les fruits de l'Arbre sont « les âmes des justes ».

11. Roland Goetschel, *La Kabbale, op. cit.*, p. 65.

12. Voir, en islâm, la doctrine de l'« *Arbre du Monde* », magistralement développée par Ibn'Arabî.

13. Cité par Gershom Scholem, (KS), *op. cit.*, p. 109.

Le *Sefer ha-Bahir* distingue entre les trois Sephiroth supérieures et les sept autres. La première, au sommet, est la Couronne suprême du Roi. La seconde est la Sagesse, la « Torah primordiale ». La troisième est la « Mère des Mondes », dont sont issus les sept Verbes-Puissances, identifiés aux sept Voix par lesquelles s'est opérée la révélation, ainsi qu'aux sept Jours de la Genèse, ou encore à la Forme divine (l'Adam Qadmon). La dixième et dernière Sephira est l'« épouse-fille » du Roi, ou de la Lumière, la Shekinah, l'*Ecclesia* d'Israël. C'est encore la pierre précieuse, infiniment plus précieuse que les trésors réunis par les rois de tous les temps.

Équivalences des lettres avec les jours de la Création, les mois, le Zodiaque, les planètes et les directions.					
Aleph					
Beit	1er dimanche			Saturne	Haut
Ghimel	2e lundi			Jupiter	Bas
Dalet	3e mardi			Mars	Est
Hé		Nisan	Bélier		Est-Nord
Vav		Iyar	Taureau		Est-Sud
Zayn		Sivan	Gémeaux		Est-Haut
Het		Tammouz	Cancer		Est-Bas
Thet		Av	Lion		Nord-Haut
Yod		Éloul	Vierge		Nord-Bas
Kaph	4e mercredi			Soleil	Ouest
Lamed		Tishri	Balance		Ouest-Sud
Mem					
Nun		Heshvan	Scorpion		Ouest-Nord
Samek		Kislev	Sagittaire		Ouest-Haut
Ayn		Tèvet	Capricorne		Ouest-Bas
Pé-Phé	5e jeudi			Vénus	Nord
Tsadé		Chevat	Verseau		Sud-Haut
Qof		Adar	Poissons		Sud-Bas
Resh	6e vendredi			Mercure	Sud
Sin-Shin					
Tav	7e Shabbat			Lune	Centre

Chapitre IV

CATALOGNE ET CASTILLE

« Qu'est-ce que tu as cherché? Qu'est-ce que tu as appris? Qu'est-ce que tu as compris? Car tout est aussi mystérieux qu'auparavant. » (Zohar.)

LA CONFRÉRIE DE GÉRONE

Les liens historico-culturels entre la Catalogne et le Languedoc, avec leurs prolongements en Castille et en Provence, firent que la Kabbale passa tout naturellement en Espagne, dès la fin du XIIe siècle. Si Tolède et Burgos comptaient de fortes communautés juives, c'est à Gérone, entre Barcelone et les Pyrénées, que se développa un foyer kabbalistique de première grandeur. Asher ben David et Ezra ben Salomon, disciples d'Isaac l'Aveugle, seront au nombre des propagateurs français de la Kabbale espagnole.

Parmi les membres connus de la « sainte confrérie » de Gérone, on mentionnera Jacob ben Sheshet (*Le Livre de la Foi et de la Confiance*), Azriel de Gérone et surtout, celui qui la dirigea, Moïse ben Nahman (Nahmanide), désigné par l'acronyme RaMBaN (1194-1270), certainement une des plus grandes autorités rabbiniques de l'époque. Médecin de profession, il occupa d'importantes charges à la cour de Jacques Ier d'Aragon, son protecteur face à l'hostilité des dominicains. À la fin de sa vie, sous la contrainte, il quittera l'Espagne et sa famille pour Jérusalem et Acre, où il mourra. Ses commentaires érudits sur le Pentateuque alimenteront les réflexions de plusieurs générations de kabbalistes. Une cinquantaine de ses œuvres écrites nous est parvenue, avec des prières, des poèmes et des sermons.

Pour Roland Goetschel:

> « La grandeur historique de Gérone est d'avoir opéré définitivement la jonction entre la Kabbale gnostique et contemplative du Languedoc et la pensée juive issue de la tradition gréco-arabe. C'est en Catalogne que s'effectua la synthèse entre le Dieu de Plotin et celui de la Bible. »[1]

Admirable entreprise, donc! mais qui n'alla pas de soi, et qui se heurta à de farouches oppositions, comme celles venant du rabbin narbonnais Meïr ben Salomon, qui accusait les kabbalistes de subvertir le judaïsme.

Si la Kabbale se développa facilement en Espagne, c'est aussi grâce à la culture arabo-islamique dans laquelle baignaient les juifs séfarades, culture qui savait se montrer curieuse et tolérante à l'égard des « gens du Livre ».

Une autre composante de la « gnose » et de la « mystique » judéo-espagnoles, au milieu du XIIIe siècle, est connue comme le cercle des anonymes du *Iyûn*, mot que l'on traduit par « contemplation ». Une trentaine de textes fragmentaires nous sont parvenus, sous forme pseudo épigraphique. Il s'y mêle « une mystique du langage, inspirée du *Sefer Yetsirah*, et une mystique des lumières, d'inspiration néo-platonicienne [...] le tout accompagné de thèmes et de réminiscences gnostiques »[2]. Le cercle du *Iyûn* soutenait la notion des treize *Middoth*, ou « Mesures » du gouvernement divin. Diverses tentatives seront d'ailleurs faites pour concilier ce système avec celui des dix Sephiroth (Nombres) qui finit, lui, par s'imposer. Dans la *Racine des Racines*, le pseudo Gaon Hay (en 1230) plaçait ainsi, au-dessus des Sephiroth, dans le fond même de la Divinité, trois Lumières cachées « primordiales », « transparentes » et « claires », d'où émanent les trois Sephiroth supérieures. C'est bien là la marque, sinon forcément d'une influence, du moins d'une confluence, avec le néo-platonisme[3].

---

1. *La Kabbale, op. cit.*, p. 81.

2. *Ibid.*, p. 82.

3. On connaît l'importance de cette question dans la théosophie musulmane chiite (elle aussi « imprégnée » de platonisme), avec la théorie de la procession des dix Intelligences ou Lumières divines.

Troisième tendance, sans qu'il y ait systématisation ni cloisonnements avec les autres : la gnose. Elle fut représentée notamment, au XIIIe siècle, par les frères Isaac ha-Cohen de Ségovie et Jacob ha-Cohen de Soria, par Moïse de Burgos et le Castillan Todros Aboulafia.

ABRAHAM BEN SAMUEL ABOULAFIA

Natif de Saragosse (1240-1291), c'est « la plus grande figure de la Kabbale extatique au XIIIe siècle, à l'origine d'une lignée de mystiques visionnaires et prophétiques »[4]. On rapporte qu'à vingt ans, il quitta l'Espagne pour localiser le Sambatyion, fleuve mythique au-delà duquel seraient exilées la ou les tribus perdues d'Israël. Ce mythe, évoqué dans le Talmud, aura encore cours au XVIIe siècle. Le « kabbaliste errant » (A. D. Grad) vécut une dizaine d'années en Grèce et en Italie, assimilant la philosophie « rationalisante » de Maïmonide, dont il commenta le fameux *Guide des Égarés*, puis il se tourna résolument vers la Kabbale, passant maître dans la science des lettres. Provisoirement de retour sur sa terre natale (en 1270), il étudie le *Sefer ha-Yetsirah*, à l'époque où il déclare avoir acquis l'« esprit prophétique ». Persuadé d'une mission de nature messianique, il tente même, aussi vainement qu'imprudemment, d'en convaincre… le pape Nicolas III !

Pour Abraham Aboulafia, la Kabbale « séphirotique » n'est qu'une préparation en vue d'une Kabbale « prophétique ». Doctrinalement, celle-ci conjoint la philosophie de Maïmonide à la théorie du langage que véhicule le *Sefer ha-Yetsirah*. Accusé de charlatanisme par le rabbin de Barcelone, il dut s'exiler sur un îlot, au large de Malte, où il rédigera le *Livre des Signes* ou *Combinaisons* (*Sefer ha-Tserouf*). À ceux qui l'accusaient, il répondit :

> « On m'appelle hérétique et incroyant parce que j'ai décidé d'adorer Dieu en vérité, et non pas comme ceux qui errent dans l'obscurité. »

4. Roland Goetschel, *La Kabbale, op. cit.*, p. 87 *sq.*

Dans son ouvrage, il développe une méthode de méditation fondée sur les lettres : prononciation, écriture, forme, pensée... enfin, combinaisons.

> « [Le but est de] se préparer à recevoir l'influx de toute la puissance divine [...] Alors ton cœur sera saisi par un tremblement violent, de sorte que tu penseras mourir, parce que ton âme, ravie par la connaissance, quittera ton corps. »[5]

Parmi ses autres ouvrages connus figurent le *Livre de la Vie éternelle*, la *Lumière de l'Intelligence*, ou encore, l'*Épître des Sept Voies*, où il définit sept modes de lecture de la Torah : littéral, allégorique, homilétique, symbolique, les « quatre voies ouvertes à toutes les nations »... C'est seulement au-delà que commence l'enseignement proprement kabbalistique. La cinquième voie touche à la signification intime des lettres et de leurs combinaisons. La sixième examine la relation du Nom et du Nommé :

> « Isole-toi dans la volonté de te rapprocher du Nom. »

Aboulafia enseigne, à cette fin, une méthode de récitation, remontant au prophète Abraham ; elle conjugue le verbe au souffle, avec un balancement rythmé de la tête. Quant à la septième voie :

> « Celui qui la pénètre reçoit, sans intermédiaire, la Parole divine. »

Mais sa nature même interdit qu'on la transcrive.

Les deux principaux disciples du « Maître des secrets » furent Joseph Gikatila et Moïse ben Simon de Burgos. Isaac d'Acre, auteur de *L'Illumination des yeux*, s'inscrira dans une même pensée.

Gikatila (1248-1325) rédigea le fameux *Jardin des Noyers* :

> « Traité mystico-philosophique concernant l'alphabet, les points-voyelles et les noms divins. Les *sefirôt* y sont identifiées avec les intellects de la philosophie juive. »[6]

Au contact de Moïse de León, Gikatila infléchira son œuvre dans un sens plus théosophique, exposant la doctrine des Sephi-

5. Cité par Gershom Scholem : *Les grands courants de la mystique juive*.
6. Roland Goetschel, *La Kabbale, op. cit.*, p. 90.

roth dans *Les Portes de la Justice* et *Les Portes de la Lumière*. Roland Goetschel estime qu'on peut considérer ce second ouvrage comme « la meilleure introduction qui soit au symbolisme des *sefirôt* ».

À la même époque, vers l'extrême fin du XIIIe siècle, apparaît un écrit anonyme, le *Sefer ha-Temûnah*, le *Livre de l'Image* ou *de la Figure* (de Dieu). « Œuvre excessivement difficile », aux dires mêmes de Gershom Scholem, avec des considérations cyclo-cosmologiques fondées sur un septénaire de créations ou d'éons, dont le principe d'unité, d'une durée de 7000 ans, est appelé *Shemitta*. Les sept *Shemittoth* correspondent aux sept Sephiroth inférieures. Chaque cycle est ainsi mis sous la dépendance d'un Attribut divin majeur : Grâce, Rigueur, Justice, Miséricorde... qui lui donne sa forme. L'achèvement des sept *Shemittoth* constitue le grand Jubilé (soit 49000 ans), par lequel « se manifeste la plénitude de la puissance créatrice de Dieu »[7]. Alors, toute la création retourne à l'état indifférencié, le *tohu*, symbolisé par la troisième Sephira : Binah, l'Intelligence divine. La Torah, elle-même, en tant qu'elle est envisagée comme la Loi universelle[8], revêt une forme différente dans chacune des sept créations. Dans notre cycle, Dieu l'a confiée aux Hébreux.

Les influences platoniciennes « arabo-juives » s'exprimeront librement dès le XIe siècle, avec Ibn Gabirol, natif de Malaga (m. v. 1057), auteur de *La Couronne royale* et du *Livre de la Source de Vie*. Pour le XIIe siècle, on citera le Cordoban Joseph ibn Tsadiq (m. 1149), auteur du *Livre du Microcosme*. Pour le XIIIe siècle, le Tolèdan Isaac ben Abraham ibn Latif (m. 1280), auteur de *La Porte des Cieux*. Enfin, pour le XIVe siècle, l'astrologue réputé Joseph ibn Waqar.

---

7. Gershom Scholem résuma cette doctrine complexe, dans KS, p. 89 à p. 98.

8. De ce point de vue, la Torah juive présente d'étonnantes similitudes avec le *Dharma* hindou. Les pieds du Taureau symbolique de *Dharma* sont au nombre de dix... comme les Sephiroth kabbalistiques, et mis en relation (suivant la progression pythagoricienne $10 = 4 + 3 + 2 + 1$) avec les quatre périodes du *Manvantara*.

LE *SEFER HA-ZOHAR*

« La Torah ne révèle ses plus profonds secrets qu'à ceux qui l'aiment [...] Les récits que rapporte la Torah ne sont que ses vêtements, et malheur à celui qui les considère comme la Torah elle-même [...] Les vrais sages, ceux qui servent le Très-Haut, ceux qui se trouvaient au Sinaï, pénètrent l'âme de la Torah, la Racine de toute chose. » (Zohar.)

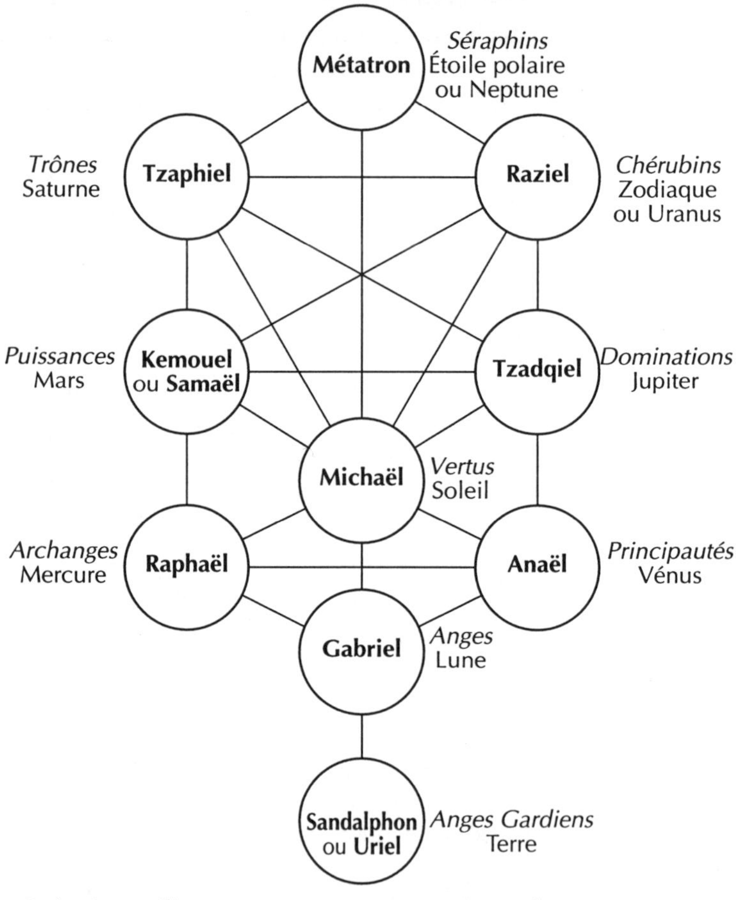

Catégories angéliques, anges recteurs et corps célestes (disposition courante).

Vaste commentaire herméneutique du Pentateuque, le *Zohar* est composé de cinq livres et d'une vingtaine de traités. Trois livres constituent le *Zohar* proprement dit. Les soixante-dix chapitres du quatrième (*Tiqqouné ha-Zohar*), attribué à Joseph de Hamadan, développent une interprétation exhaustive du mot *Bereshit* qui ouvre la Bible. Le cinquième livre est une compilation tardive de textes, publiés à Safed au XVIe siècle.

Le mot *zohar*, la lumière « resplendissante », « éclatante », provient, dans le contexte, de Daniel :

> « *Les intelligences brilleront dans la splendeur lumineuse* [zohar] *du ciel.* » (12, 30.)

Ceux qui l'étudient y sont désignés comme les « intelligents », les « sages du cœur », les « maîtres d'étude » ou encore, les « moissonneurs ». Pour les kabbalistes, le « Saint Zohar » s'identifie, en effet, à la Kabbale elle-même.

> « Dans la conscience des milieux les plus étendus, il a pendant longtemps été mis au rang d'un texte sacré d'une valeur incontestée, revêtu d'une autorité canonique. »[9]

Pour André Chouraqui, le *Livre de la Splendeur* « se situe immédiatement après la Bible et le Talmud, par l'influence qu'il exerça pendant plusieurs siècles sur toute la judaïcité »[10]. C'est assez souligner la fonction capitale d'un texte qui vint à point, sans doute, pour éviter à l'ésotérisme juif un éparpillement doctrinal. Il contribuera ainsi, et de quelle façon ! à renforcer la conscience juive de l'Unité, face à une certaine évolution rationalisante, tout en donnant des réponses aux questions que pouvait soulever le croisement des trois monothéismes abrahamiques. Ce n'est pas par hasard que le *Zohar* apparaît en terre séfarade (= l'Espagne) qui fut, à sa façon, une terre du « Livre » (Sefer). On notera, même si leurs fonctions ne se situent pas sur un même plan, que le *Zohar*

---

9. Gershom Scholem, (KS), *op. cit.*, p. 7.

10. André Chouraqui, *Histoire du judaïsme* (1957), P.U.F. – Que Sais-je ?, Paris, 2000, p. 81.

apparaît en même temps que la *Somme Théologique* de saint Thomas d'Aquin, dans le dernier quart du XIIIe siècle.

La figure légendaire du *Zohar* est celle de Siméon bar Yohaï, grand maître talmudiste (*tanna*) de la quatrième génération, au IIe siècle, qui pérégrina en Terre sainte avec son fils et d'autres disciples. La tradition lui reconnaît d'être, sinon l'auteur, du moins l'inspirateur du *Zohar*, dont il aurait reçu directement la révélation du prophète Élie, dans une grotte, à l'occasion de retraites. Ses sept disciples étaient connus comme ses « sept yeux ».

Et le *Zohar* rapporte ce que Rabbi Siméon dit :

> « L'heure est propice maintenant [...] Aussi vais-je révéler devant Dieu des choses sacrées qui ne l'ont pas été jusqu'à maintenant, afin qu'on ne puisse dire que j'ai quitté ce monde sans avoir rempli ma mission, ayant gardé ces mystères en mon cœur pour les emporter dans le monde futur [...] Rabbi Abba consignera mes paroles par écrit, mon fils Rabbi Éléazar les répètera, et les autres méditeront en silence. »

Cette paternité fit l'objet de grandes controverses, secondaires pourtant au regard du caractère, à l'évidence « révélé », de l'œuvre. Ce n'est, en effet, qu'avec Moïse de León (m. 1305) que le *Zohar* devint public et se répandit avec un remarquable succès. Moïse de León soutenait posséder un « original »... Il emporta ce mystère dans la tombe, malgré les investigations d'un autre célèbre kabbaliste, Isaac Samuel d'Acre, qui se rendit spécialement à Valladolid pour éclaircir la question. On sait que Moïse de León, par ailleurs auteur de *La Rose du Témoignage* (1286) et du *Livre de la Grenade* (1287), était en rapport avec Todros Aboulafia qui occupa une haute position dans la communauté juive de Castille, entre 1270 et 1280, à l'époque exacte où apparaissait le *Zohar*. Todros Aboulafia, avec son contemporain Moïse de Burgos, furent deux fameux représentants de la « gnose » juive.

Quoique l'analyse discerne plusieurs strates rédactionnelles, le fond doctrinal est homogène. L'unité est nette pour les dix-huit chapitres principaux. On a aussi supposé une œuvre collective de Moïse de León et de ses disciples, mais le plus vraisemblable est une compilation d'un enseignement dispensé depuis des siècles de façon orale, de maître à maître, depuis Siméon bar Yohaï[11].

Les principales «lections» qui constituent le *Livre de la Splendeur* sont:

- Le Zohar sur le Cantique des Cantiques.
- Le Livre de l'Arcane: commentaire aussi concis qu'«hermétique» des six premiers chapitres de la Genèse (jusqu'à la construction de l'Arche noétique).
- La Grande Assemblée (*Idra Rabba*) et la Petite Assemblée (*Idra Zouta*).
- L'Assemblée de la Tente ou du Tabernacle (sur la mystique de la prière).
- Les Palais. Le Vieillard. Le Chef de l'Académie. Le Cordeau de la Mesure. Les Mystères des lettres. Le Midrash caché (sur le destin de l'âme, avant et après la mort). Le Berger fidèle, etc.

Le Mystère des mystères traite, pour sa part, de physiognomonie:

> «De même que le firmament est marqué d'étoiles, de signes lisibles aux sages, de même la peau et le visage, l'enveloppe extérieure de l'homme, sont marqués de rides et de lignes lisibles aux sages [...] Les 22 lettres sont imprimées sur chaque âme, et celle-ci les imprime au corps qu'elle anime. Si la conduite de l'homme est bonne, les lettres sont disposées sur son visage d'une façon régulière; sinon, elles subissent des inversions qui laissent leur marque [...] Il en va de même pour les lignes de la main, qui se modifient suivant la conduite de l'homme.»

Et ce, spécialement lorsqu'il élève ses mains pour les bénédictions.

Le *Zohar* circula d'abord sous simple forme de citations ou d'anthologies commentées par Joseph Angelino, Bahya ben Asher de Saragosse (en 1291), ou encore David ben Yehoudah he-Hassid (petit-fils de Nahmanide, il participa à une traduction intégrale

11. Jean de Pauly releva que des passages du *Tiqqouné Zohar* avaient déjà été cités par Rachi, deux siècles donc avant Moïse de León.

en hébreu). Du XVIe au XVIIIe siècle, les grands traducteurs furent Moise Cordovero, Isaac Louria, Eliyah Gaon de Vilna.

Au XVIe siècle, le *Zohar* pénètra le milieu des lettrés chrétiens, par le biais de traductions partielles en latin dues à Élie Lévita (m. 1549) et Guillaume Postel (m. 1581). L'*editio princeps* (en araméen) a été réalisée à Mantoue et à Crémone, en 1558-1560, sous plusieurs «formats». Plus de soixante-cinq éditions parurent depuis cette époque, partout où se trouvaient des communautés: Russie, Constantinople, Grèce, Jérusalem, Afrique du Nord, etc.

Parmi les approches polémiques (elles ne manquèrent pas!), citons les pamphlets de León de Modène (1639), la vive critique de Jacob Emden (1768) et la démarche scientifique de la *Wissenschaft* allemande, au XIXe siècle, notamment à travers les travaux de Samuel David Luzzatto (1827).

Longtemps, l'unique traduction en français fut celle, posthume, de Jean de Pauly (m. 1903), sous-titrée «Doctrine ésotérique des Israélites» (6 volumes, chez Ernest Leroux, 1906). Elle est largement défectueuse, au point que le DEJ, sans doute un peu injustement, traite son auteur de «faussaire»... D'après Gershom Scholem, Jean de Pauly serait le nom d'emprunt d'un *hassid* converti au christianisme, ce qui pourrait expliquer les grandes difficultés auxquelles il eut à faire face dans la vie, et certaines allusions énigmatiques. Le *Zohar* a été entièrement retraduit et magistralement commenté par Charles Mopsik.

Chapitre V

DOCTRINE DES SEPHIROTH

« Les Sephiroth sont des vêtements et des trônes pour la Divinité. »
(Moïse Cordovero.)

Le postulat fondamental du judaïsme, donc de la Kabbale, est l'absolue unité de Dieu : Dieu est Un. « Les choses paraissent séparées, mais il n'en est rien, car tout est un », dira Isaac l'Aveugle. Tout est un, en Un.

Pourtant les choses peuvent être distinguées et, à travers elles, l'« Insaisissable » saisi, parce qu'elles ont une qualité par laquelle, précisément, le Sans-Forme s'écoule et prend forme. Toutefois, l'Un infini, Cause des causes, « Dieu des dieux », ne saurait informer pleinement les choses finies sans les faire éclater, sans les anéantir, alors que Moïse lui-même, l'élu qui reçut la Torah, ne put voir Dieu « face-à-face » :

« L'homme ne peut Me voir et vivre. » (Ex. 33, 20.)

Le flux de l'Unité divine, qui substante et irrigue incessamment toute la création, se diffuse par les dix Sephiroth. Émanations de Dieu, celles-ci sont symboliquement assimilées à des « vases » qui recueillent la pure Lumière divine, la filtrent et la colorent, donnant ainsi vie, qualité et raison d'être aux choses.

Les Sephiroth (racine S-Ph-R, verbe *saphar* : « nombrer ») sont les Mesures-Réceptacles des Possibilités divines, elles-mêmes inépuisables. Par le fait, elles sont aussi les « serrures » des portes spirituelles qui ouvrent sur le Paradis de la Sagesse, de la Réalité, de la Vérité, de l'Unité. Le kabbaliste œuvrera donc à trouver, en lui-même, les clefs qui leur correspondent. Et c'est la connaissance totale de la Loi qui le lui permettra. Singulièrement, en effet, les dix Aspects ou Qualités premières de Dieu (Sephiroth) ne sont autres, au regard de l'ésotérisme de la Kabbale, que les dix « Commandements » ou les dix Paroles créatrices de la Genèse, au regard du judaïsme tout entier. Autrement dit, elles sont la figuration la plus synthétique et la plus totale possible de la Loi universelle, dans le cadre de la révélation hébraïque ou moïsiaque. La Loi universelle, c'est-à-dire les Qualités-Attributs et Possibilités (*in divinis* absolument innombrables) qui resteraient insaisissables, incompréhensibles et inconnues sans, précisément, les « Déterminations » séphirotiques des Aspects divins. Suivant le contexte, les Sephiroth sont « Nombres » ou « Formes » métaphysiques, « Déterminations » ontologiques, « Causes » ou « Principes » universels des choses, etc.

Il ne s'agit donc pas d'exposer un système, à la façon des subterfuges du raisonnement et d'une argumentation philosophique, mais de rapporter la Réalité-Vérité, autant que les mots le permettent (et précisément, la langue hébraïque s'y prête très bien), afin de reconduire la chose à son principe.

La Déité (*Deus absconditus*) est d'abord *Absolu* pur et *Infini* transcendant : *Ayn* et *En-Sof* (litt. : « Rien-Fin »), suivant la terminologie introduite par Isaac l'Aveugle ; l'« Inintelligible » et le « Sur-Intelligible » : « Ce que jamais homme ne comprendra, ce qui ne prendra jamais fin parce que sans commencement », suivant le *Zohar*.

Conventionnellement, l'*Ayn*, « Vide », « Non-Être », « Non-Existant », est placé au-dessus des dix Sephiroth, sans qu'il y ait pour autant de lien causal avec elles, puisque les « Aspects » de Dieu ne sont pas « créés par » Lui, mais « émanés de » Lui.

L'« Infini » (En-Sof) se fait « fini » par émanation, ou procession. Notion développée dans les premiers siècles de notre ère par l'influente gnose post-alexandrine. Les Principes-Attributs que sont, pour celle-ci, les « Éons », le *Sefer ha-Yetsirah* les nomme « Sephiroth », et le *Sefer ha-Bahir*, « Lumières ». Sephiroth ou Lumières (*Aor*) procèdent d'En-Sof par différenciation progressive, comme les lettres de lumière de la première Torah. Ces Puissances intelligibles ensuite se déploient, s'infusent et se combinent, jusqu'au « cosmos inférieur » que constitue notre monde.

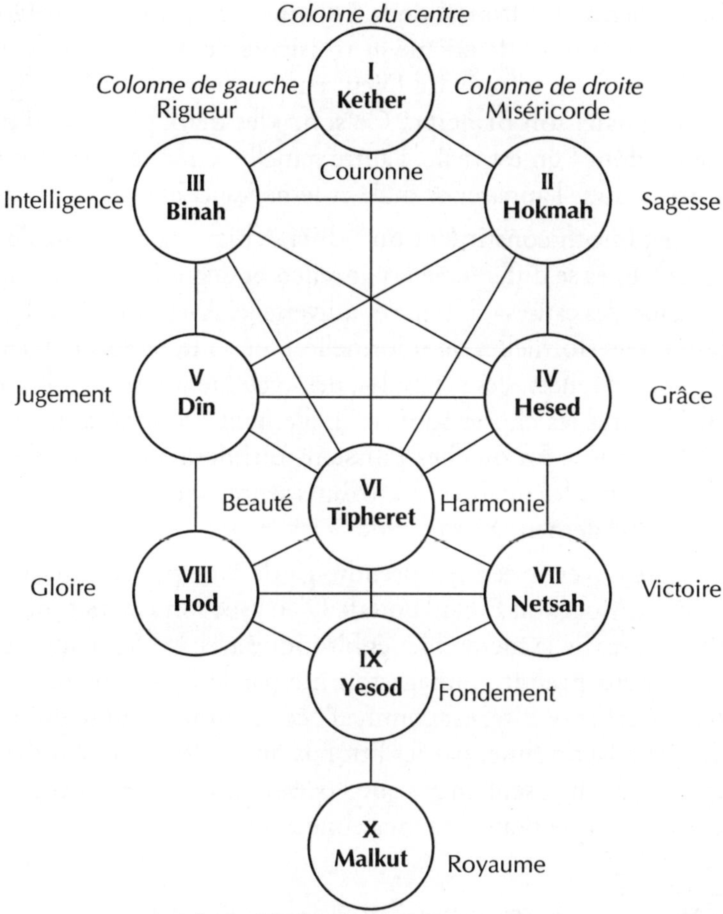

Les dix *Sephiroth* et les vingt-deux « canaux ».

C'est par Kether, la première Sephira, qualifiée dans le *Zohar* de « Tête » ou de « Point » suprême, que s'amorce le processus d'émanation qui permettra, à la fois, la manifestation des choses et leur réintégration dans le Principe. Kether, la « Couronne », le « Roi », n'est autre qu'Ayn, le Vide absolu, concentrant toute ses Puissances-Attributs en un point d'En-Sof, le Plein infini[1].

1. En termes hindous, Ayn et En-Sof seraient Brahmâ non qualifié et Brahmâ qualifié. Kether, la « Personnalité divine », serait Ishwara, « la première de toutes

Et Kether, l'Œil frontal de la Divinité, se «polarise» en Hokmah et Binah, les deuxième et troisième Sephiroth, Sagesse et Intelligence, les «Yeux» de Dieu, par lesquels toute chose peut être vue dans son principe. Ce sont «les deux plateaux d'une balance dont l'un est mâle, l'autre femelle. Grâce à eux, tout est constitué sous l'apparence mâle et femelle» (*Zohar*)[2].

Les Sephiroth constituent une «hiérarchie» processionnelle de causes[3]. Elles se différencient par reflets et degrés, depuis l'Unité, la «Cause des causes», unique et universelle. À leur tour, les choses manifestées (formelles ou informelles), ne sont, au fond, que des images, des reflets, des symboles, des «vêtements» de la Divinité. Ainsi, toutes les choses sont naturellement ordonnées de façon hiérarchique, afin qu'elles puissent, ultimement, réintégrer le Dieu Un, par les qualités et attributs séphirotiques qui les rattachent spécialement à Lui.

Le *Zohar* avertit de bien prendre garde à ne pas confondre tel Attribut, Aspect ou Émanation de Dieu avec son Essence increéée, ni les degrés de la hiérarchie séphirotique avec le «Soi», absolu et infini. Pour prendre l'image fournie par le *Zohar*, le «Soi», la divine Réalité-Vérité, est comme l'océan «infini» qui se présente à nous de façon finie, par les littorals qui constituent son réceptacle. C'est ainsi seulement que l'océan nous est rendu compréhensible, et que nous pouvons concevoir sa traversée[4].

---

les déterminations» (René Guénon), ou encore Brahmâ-Randhra, l'«orifice de Brahmâ», la «couronne» de la tête, par laquelle l'âme spirituelle, en chaque être humain, communique directement avec le Principe.

2. On songera aux «Plateaux» de la Balance céleste dans le taoïsme. Kether est comparable à Tai-ki. La différenciation par polarisation est la première grande manifestation de la création. L'Adam primordial lui-même, le logotype humain, ne supporta pas la «solitude» existentielle de son androgynéité.

3. Il ne s'agit pas, bien entendu, d'une succession temporelle, mais d'une procession «principielle», «idéelle» (Léo Schaya).

4. À l'inverse, une «eau» sans contenant resterait pour nous un océan... d'incompréhension! Même l'eau du Déluge ne dépassa pas le sommet de l'Ararat; elle ne déborda pas la mesure de ce monde.

Les dix Sephiroth, Émanations ou Intellections, à partir de Kether, Sephira suprême et causale, sont hiérarchisées en sept degrés :

1. Kether : Couronne.

2. Hokmah : Sagesse, et Binah : Intelligence.

3. Hesed : Grâce (ou Gedullah : Clémence), et Dîn : Jugement (ou Geburah : Rigueur).

4. Tipheret : Beauté, Harmonie (ou Rahamim : Miséricorde).

5. Netsah : Victoire, ou Constance, et Hod : Gloire, ou Majesté.

6. Yesod : Fondement (ou Tsedeq : Justice).

7. Malkut : Royaume (ou Shekhinah : en tant qu'Immanence et Omniprésence divine).

Elles peuvent être disposées schématiquement de plusieurs façons, suivant le point de vue que l'on adopte et les applications qu'on entend en tirer… sachant qu'elles sont, par définition, un outil de méditation et un moyen de contemplation. Comme les vingt-deux lettres de l'alphabet hébraïque, les dix Sephiroth agissent comme un *mantra*. La représentation verticale, en trois colonnes (centrale, de droite et de gauche) est la plus usuelle. On parle alors d'« Arbre » des Sephiroth. Il existe aussi une représentation en cercles concentriques ; elle montre l'action de la périphérie vers le centre (concentration) et, complémentairement, du centre vers la périphérie (irradiation). Du point de vue du Créateur (*ad intra*), la création est une « contraction » : l'Infini se retire en Lui-même. Du point de vue de la créature (*ad extra*), la création est une « dilatation » : l'Absolu se projette hors de Lui-même.

LA « GRANDE FACE » DE DIEU

Kether est la « Couronne suprême », le « Je », le « Soi », la Personnalité divine, l'Essence pure et sur-intelligible. Suivant le *Sefer ha-Yetsirah*, elle est « le Principe non émané de toute Émanation ».

Elle est *exclusive* en tant que Ayn, Néant, Non-Être, Non Cause : *toute chose contient Dieu* ; et *inclusive* en tant que En-Sof, Infini, Sur-Être, Cause : *Dieu contient toute chose.*

Elle n'agit pas. Ce sont «ses Émanations (séphirotiques), Ses «Lumières» ou «Lampes» (qui opèrent) en Son Nom»[5].

Hokmah est la «Sagesse», la première Émanation divine tirée du «Néant-Infini» représenté par Kether. Elle est le «Père» universel, où «sont le Commencement et la Fin» (*Zohar*), la Pensée divine, l'Essence intelligible «de toutes les Sephiroth, et de tous leurs reflets cosmiques»[6]. Parfois appelée l'«Arbre de Vie», elle est «la première Cause agissante».

Binah est l'«Intelligence» révélatrice et créatrice. Elle est la «Mère» universelle, assimilée à l'Effacement (de la créature face à son Créateur), à la Purification (de toute trace de dualité), à la Pénitence, à l'Expiation, à la Libération (de tout attachement à autre qu'à l'Un).

> «Avant de Se manifester [...], l'Être divin Se révèle, par Sa Sagesse [...] à Lui-même, c'est-à-dire à Sa Réceptivité propre, Son «Intelligence»: Binah (qui) est comme un prisme ou un miroir brisé avec des myriades de «facettes», dont chacune reflète la «Grande Face» divine à sa manière.»[7]

Les sept Sephiroth ou Archétypes de la «Construction cosmique», appelées parfois l'«Édifice», émanent de Binah qui les synthétise.

En vérité (pas plus que pour la Trimûrti de l'hindouisme), on ne saurait concevoir les trois Sephiroth supérieures comme des réalités distinctes, mais bien «comme une seule et même Réalité» (Moïse Cordovero). Réalité dans laquelle Kether représente la Connaissance ou Conscience en Soi... Hokmah, Ce qui connaît: «Le Principe actif ou déterminant de la Connaissance»... Binah, Ce qui est connu:

> «Le Principe passif (ou déterminé), réflecteur de la Connaissance.»[8]

---

5. Léo Schaya, *L'Homme et l'Absolu selon la Kabbale*, (HAK), Dervy, Paris, 1977, p. 39.

6. *Ibid.*, p. 41.

7. *Ibid.*, p. 42 et 44.

8. *Ibid.*, p. 43.

La Tri-Unité divine, les trois « Têtes » ou les trois « Yeux » du Principe, Kether-Hokmah-Binah, est appelée la « Grande Face », le « Mystère des mystères », ou encore l'« Ancien des Anciens », qui, suivant le *Zohar*, est seul à totalement se connaître :

« L'Ancien n'a jamais changé, et Il ne changera jamais. »

LA « PETITE FACE » DE DIEU

Les sept autres Sephiroth, Lumières-Archétypes des choses créées, sont nommées la « Petite Face », reflet de la « Grande Face ». « Lors de la Création des mondes, le Saint Ancien a tiré un Rideau devant Lui, à travers lequel son essence s'est manifestée en tant que Petit Visage. »[9]

De Hokmah et Binah émanent respectivement Hesed ou Gedullah (Principe masculin, Clémence), et Dîn ou Geburah (Principe féminin, Jugement, Rigueur). Ce sont les deux « Bras » ou « Lampes » de Dieu. Leur union s'opère en Tipheret (triangle pointe en-bas).

Hesed manifeste l'infinitude de la Lumière des Archétypes, que **Dîn** « mesure », « conditionne », « qualifie », « distingue », « particularise ». Sans la Norme rigoureuse, la Grâce ne saurait avoir de « contenant » pour l'accueillir et la révéler. Elle coulerait, mais elle ne pourrait être retenue, comme l'eau dans la main lorsqu'on garde les doigts écartés. Aucune créature ne pourrait être ce qu'elle est, ni aucune forme, couleur ou son... et si la Rigueur venait à disparaître, la création s'anéantirait instantanément (apocatastase).

Tipheret, la « Beauté » de Dieu, est « la *Sephirah* médiatrice par excellence, le "Cœur" de Dieu ou Sa "Miséricorde" qui embrasse et fusionne [...] Elle est appelée le "Soleil" ou la "Roue" suprême, parce que ses rayons illimités relient toutes les *Sephiroth* en synthétisant leur antinomie dans son seul "centre" ou "moyeu" »[10]. Tipheret harmonise les qualités « brutes » des choses acquises en

9. A. D. Grad, *Comprendre la Kabbale, op. cit.*, p. 51.

10. Léo Schaya, (HAK), *op. cit.*, p. 51.

Dîn. Aucune créature ne pourrait, autrement, en supporter la vue, et ne pourrait, donc, se supporter elle-même! Jugement et Clémence s'équilibrent ainsi, harmonieusement, en Tipheret.

«Elle est le «Roi» ou le «Fils», qui constitue la Synthèse de toutes les Émanations divines [...] toutes apparaissent comme ses propres Aspects.»[11] Elle est encore appelée Daath, le «Savoir-Conscience» de Dieu, en tant que résultant plus spécialement d'Hokmah et de Binah. À ce titre, dans l'hindouisme, elle équivaut à l'«Œil frontal» de Shiva.

Netsah est «l'Émanation de Grâce, la «Victoire» divine, la Constance, la Quantité continue. C'est le Pouvoir «mâle», actif et positif du Créateur».

Hod est l'Émanation «opposée et complémentaire» de Netsah. «C'est la Puissance «féminine», réceptive et négative du Créateur.» Elle est la Quantité discontinue, donc la Limitation.

Par la clarté virile et sèche de Netsah, Dieu produit indistinctement tous les mondes possibles. Par l'obscurité féminine et humide, matricielle et germinatrice de Hod, Il les «sépare, forme et transforme»[12].

Yesod, la neuvième Sephira, représente «l'union de l'Émanation claire et active, Netsah [...] avec l'Émanation obscure et réceptive, Hod»[13]. Elle est le «Fondement» de l'Existence, la «Base» du monde créé. Yesod est parfois appelée Tsedeq, la «Justice», en tant que Sephira de l'Équilibre entre le «plein» et le «vide», l'«expansion» et la «contraction», etc.

Malkut, la dixième et dernière Sephira, est le «Royaume» de Dieu, «qui produit, englobe et pénètre toute la création» [...] C'est le «Récipient» de toutes les Émanations séphirotiques du «côté droit», lumineux ou intelligible, du «côté gauche», obscur ou inintelligible, mais aussi celui des *Sephiroth* centrales, dont la supérieure est Kether, le Principe sur-intelligible.

---

11. *Ibid.*, p. 52.
12. *Ibid.*, p. 56.
13. *Ibid.*, p. 56 *sq.*

> « [Malkut est] un “miroir” vide qui reflète simplement tout ce qui est « en-haut », dans le Monde divin, et « en-bas », dans la création. »[14]

Toutes les Sephiroth se concentrent en Yesod et se déposent finalement en Malkut, par laquelle elles agissent dans la création. Malkut est « une sorte d'interface entre le monde divin et ce bas monde. Située au dernier rang du plérôme, elle reçoit les influx des sefirot supérieures et les diffuse dans le monde matériel qu'elle dirige et sur lequel elle veille »[15].

Sa proximité « agissante » auprès des Israélites, lorsqu'ils accomplissent la Loi, identifie Malkut à la Shekinah : la Toute-Présence divine. Elle est alors l'« Épouse du Roi », la « Vierge d'Israël ». Mais, lorsque « les Israélites n'agissent pas selon la volonté de Dieu, l'épanchement (divin) cesse de procéder ici-bas et se retire dans les hauteurs du plérôme »[16], dans la tri-unité sur-essentielle Kether-Hokmah-Binah, car la Vierge est souillée.

Cette doctrine du retrait de l'épanchement séphirotique a été étendue, par des kabbalistes comme Ezra de Gérone, ou Élie Hayim de Genazzano, à la totalité du plérôme lui-même. Par « rétroaction », du fait que l'« épanchement » n'est plus « reçu », le plérôme est absorbé dans l'unité indivise dont Kether est la couronne, et « disparaît » ou se « néantise » dans l'Infinitude d'En-Sof. Le monde est alors proprement exilé, comme éteint, dans l'attente de la re-instauration de la Forme divine totale ; soit individuellement, en tel Israélite (ou en tel homme), soit collectivement, en la communauté d'Israël (ou en l'humanité), à travers la figure trans-personnelle du Messie. On dit d'ailleurs de Malkut ce qu'on dit d'Israël : qu'elle est « exilée parmi les nations ».

La dernière Sephira joue un rôle particulier dans la diffusion des « puissances extérieures » (au plérôme séphirotique), impures et démoniaques. Ainsi, Élie Hayim de Genazzano explique les

14. *Ibid.*, p. 59 *sq.*

15. Charles Mopsik, (GTC), *op. cit.*, p. 288.

16. *Ibid.*, p. 290.

conséquences des mauvais actes des hommes sur Malkut, lorsque celle-ci n'est plus alimentée par les canaux des Sephiroth supérieures. La raison en est que, au contraire des autres Sephiroth :

> « [Malkut] n'a pas de lumière par elle-même, mais elle la reçoit (entièrement) des Sephiroth supérieures, et elle a besoin aussi de l'aide (nous dirions plutôt, de la co-opération) des êtres d'en-bas. »[17]

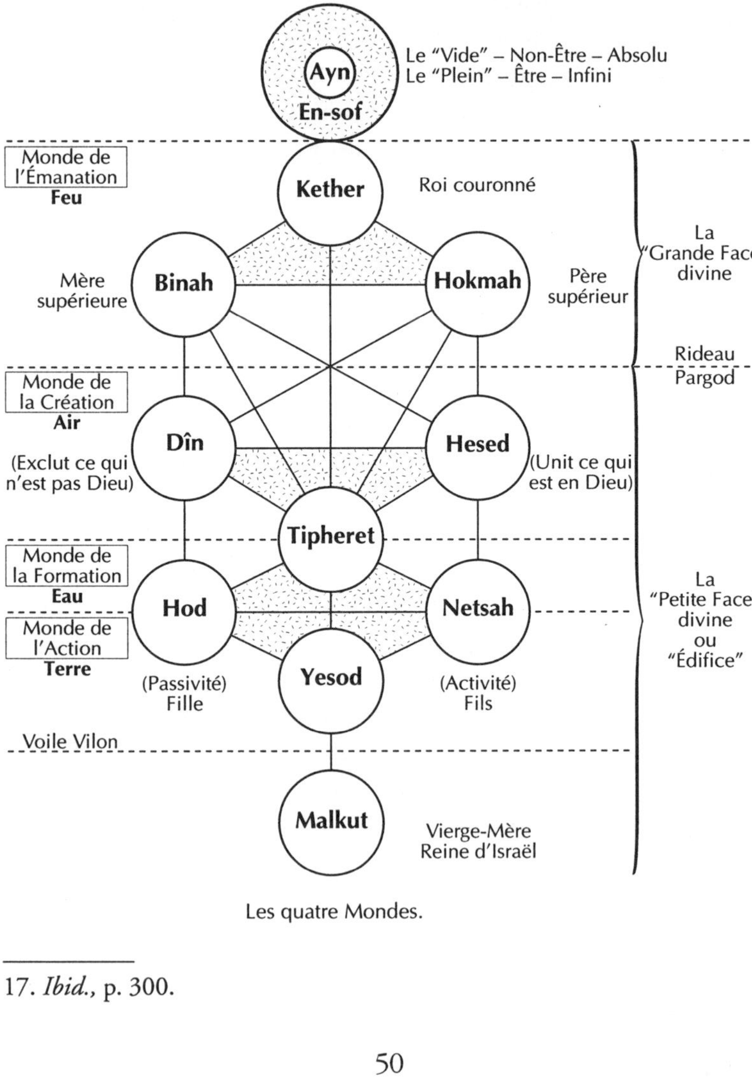

Les quatre Mondes.

17. *Ibid.*, p. 300.

Et, si Malkut n'est plus de la sorte éclairée, elle cherchera sa lumière (sa « nourriture existentielle », si l'on peut dire) auprès des « puissances extérieures » (au plérôme), auprès des « cohortes d'en-bas ». D'où les calamités qui s'abattent alors sur les hommes, et dont ceux-ci sont pleinement responsables.

On considère aussi les dix Sephiroth comme trois « Colonnes ».

La « colonne du milieu », axiale, à l'aplomb d'En-Sof, relie Kether (le « Je » divin) à Malkut (soit la Shekinah, la Présence divine exilée dans le monde, parmi les nations), par Tipheret (le Cœur divin) et Yesod (le Fondement de l'Existence).

La « colonne de droite » et de la Miséricorde relie Hokmah (la Sagesse) à Netsah (la Puissance active, virile, lumineuse) par Hesed (la Puissance inclusive).

La « colonne de gauche » et de la Rigueur relie Binah (l'Intelligence) à Hod (la Puissance passive, féminine, obscure) par Dîn (la Puissance exclusive).

Ces combinaisons, et bien d'autres encore (suivant les possibilités des vingt-deux canaux ou sentiers séphirotiques), ont fait l'objet des méditations et des réflexions de générations de kabbalistes.

LES QUATRE MONDES

La Kabbale définit quatre Mondes (ou plutôt, devrions-nous dire, quatre « modalités » du Monde), mis en rapport, respectivement, avec les quatre consonnes du Tétragramme : YHVH :

- *Olam ha-Atsilouth :* le Monde de l'Émanation (élément Feu), représenté par le triangle droit supérieur Kether-Hokmah-Binah.
- *Olam ha-Beriyah :* le Monde de la Création (élément Air), représenté par le triangle intermédiaire inversé Hesed-Dîn-Tipheret.
- *Olam ha-Yetsirah :* le Monde de la Formation (élément Eau), représenté par le triangle intermédiaire droit Tipheret-Netsah-Hod.
- *Olam ha-Asiyah :* le Monde de l'Action (élément Terre), représenté par le triangle inversé inférieur Netsah-Hod-Yesod.

Enfin, la Sephira Malkut, «la Médiatrice parfaite entre le Ciel et la Terre», suivant le Zohar, en laquelle se déverse ce que recueille lui-même le Monde de l'Action. Au contact de notre monde, c'est par elle que nous pouvons agir sur le Ciel... On songera, dans le cadre du christianisme, à la vocation d'intercesseur de la «Vierge» Marie, la «Mère» de Dieu.

Les Sephiroth sont aussi définies comme dix «Cieux». Aux trois Sephiroth supérieures correspondent les «Cieux des cieux» ou Cieux principiels, incréés, qui les révèlent, soit respectivement: la Shekinah ou Présence divine, Métatron, la Forme ou manifestation active de la Shekinah, Avir, l'Éther ou manifestation passive de la Shekinah.

Aux sept autres Sephiroth correspondent les sept Cieux créés et subtils. De ces Sephiroth de la Construction universelle (l'«Édifice»), procèdent les sept degrés du «Paradis» terrestre, séjour des anges et des âmes bienheureuses, les sept «Terres» habitées (dont la supérieure est la nôtre, les autres étant incomplètes ou imparfaites), et les sept degrés de l'«Enfer», séjour des anges déchus et des âmes damnées, dans l'ombre du plérôme (du point de vue astronomique: la «face cachée» de la Lune).

> «Les sept cieux créés représentent autant de séjours hiérarchiquement superposés, pour les âmes humaines [...] ainsi que pour les anges et les esprits [...] Chacun des cieux (ou Palais) est présidé par l'esprit d'un prophète (messager).»[18]

Les «esprits», comme les «anges», sont des «lumières spirituelles», mais, à la différence des seconds, les esprits ne revêtent pas d'«habits célestes»:

> «Les anges sont enveloppés, suivant le caractère de leur «mandat», des apparences les plus diverses...»[19]

Les prophètes majeurs et les grandes figures bibliques sont eux-mêmes régis par les Sephiroth. C'est ainsi que pour un kabbaliste chrétien du XVIe siècle:

---

18. Léo Schaya, (HAK), *op. cit.*, p. 79.

19. Cité par Charles Mopsik, (GTC), *op. cit.*, p. 303.

«Abraham dépend de Hesed, Isaac de Dîn, Jacob de Tiphe-ret, Moïse de Malkut…»

Ceci nous amène à envisager, plus spécialement, la doctrine des Sephiroth dans ses applications à l'homme, puisque, au fond, c'est à lui seul qu'elle est destinée. Le principe fondamental repose sur l'identité du Dieu créateur et de la créature qu'il a faite à Son image: «Sache que l'homme est un petit monde, car tu trouveras que toutes les puissances (du plérôme divin = les Sephiroth) sont incluses en lui, et il est la copie de l'Homme d'En-Haut» [19], dira Élie Hayim de Genazzano. L'image de l'homme d'en-bas n'est que le reflet, troublé par la chute, du plérôme divin… le reflet de l'Homme d'En-Haut, divin Logos.

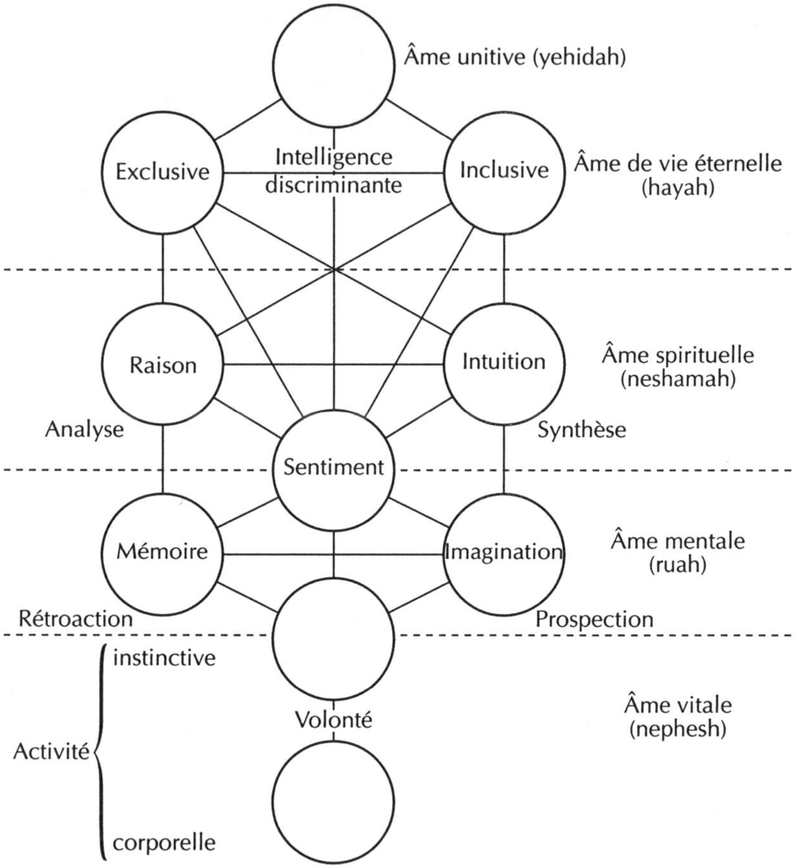

Les cinq degrés de l'âme et les facultés humaines.

CHAPITRE VI

LES SEPHIROTH ET L'HOMME

> *« Comme les formes d'en-bas sont enracinées dans les réalités supérieures, l'homme est un arbre inversé, ses racines sont en haut. »*
> (Chem Tov ben Chem Tov, XIIIe-XIVe siècle.)

> *« Dans toute la création, l'homme est l'image la plus parfaite de la réalité universelle; il est la récapitulation « incarnée » de tous les degrés cosmiques et de leurs Archétypes divins. »*
> (Léo Schaya.) [1]

La science des Émanations divines (à la fois Lettres-Nombres et Noms divins) constitue l'essentiel de la doctrine de la Kabbable « théosophique ». Elle repose sur la similitude entre Dieu et l'Homme (qu'Il a créé « à Sa ressemblance », comme la Genèse l'enseigne), ainsi qu'entre Dieu et la Torah, formulation majeure et providentielle de la Parole divine, créatrice et rédemptrice. Dieu, l'Homme intégral (adamique ou primordial) et la Loi sont semblables.

Cette science englobe la connaissance théurgique du secret des prières et des bénédictions, les fondements de la purification sanctifiante; elle dévoile les mystères de la prononciation du Nom de Dieu, et ceux de la conjonction divine (*deveqout*). Elle montre la correspondance existant entre les Commandements de la Torah et les fonctions humaines, et bien d'autres choses encore. Cette science des Sephiroth englobe toutes les sciences, sans exception. Lorsque la « mesure » (*midda*) ou le « nombre » (*sephar*) du Corps

1. Léo Schaya, (HAK), *op. cit.*, p. 72.

de la Divinité (synthétisé par Kether-Hokmah-Binah) devient «visible dans le cœur» du dévot, lorsque cette mesure est appréhendée, ou «imaginée», l'âme qui s'y est conjointe peut s'élever à la *midda-sephira* supérieure, ainsi de suite jusqu'à la Cause des causes, transcendante et infinie, l'En-Soph. L'homme réalise ainsi Dieu, par degrés.

Il y a dans les Sephiroth tout ce dont l'homme a besoin, pour l'esprit, l'âme et le corps. La «haute Science» est, pour lui et pour son monde, la Médecine de Dieu. C'est que l'homme «manifeste les qualités divines d'une façon synthétique et explicite»[2]. Les Sephiroth, avec le tissu des «canaux» qui les relient, canaux par lesquels les influx divins s'écoulent tout en se combinant, sont un schéma adéquat, en tous points, des facultés, sens, fonctions organiques et activités internes de l'homme. Même les dix doigts de la main trouvent leurs correspondants séphirotiques[3].

Les Sephiroth supérieures correspondent aux facultés premières de l'intellect: discrimination et union. «L'essence de l'Homme transcendant» n'est autre qu'En-Sof (l'«Un», absolu et infini) représenté par Kether, la «Couronne» du sur-intelligible, située symboliquement au sommet du crâne, ou l'«Œil», frontal et axial, de l'éternel présent. Le «Cerveau droit», ou l'«Œil droit», représente la *Sagesse* divine (Hokmah), «par laquelle l'Un se contemple Lui-même»[4], dans l'absoluité de son Unité. Le «Cerveau gauche», ou l'«Œil gauche», représente l'*Intelligence* divine (Binah), «prisme-miroir» par lequel, et sur lequel, l'Un extériorise l'infinitude de ses Possibilités.

De Kether, Hokmah et Binah, l'Intelligence divine, transcendante et immanente, découlent les facultés mentales d'intuition

2. *Ibid.*, p. 33.

3. On comprendra que l'amputation d'un membre, l'ablation d'un organe, ou leur substitution par un autre, humain, animal ou synthétique (nous songeons, en premier lieu, au fameux «cœur artificiel»), n'aille pas sans conséquences psycho-spirituelles, plus ou moins graves. Cela vaut pour la transfusion du sang.

4. Léo Schaya, (HAK), *op. cit.*, p. 125.

et de raison, d'imagination et de mémoire, et, enfin, les sphères des activités instinctives et corporelles.

Les correspondances morphologiques sont:

- « Bras droit »: Hesed (Grâce, Clémence).
- « Bras gauche »: Dîn (Rigueur, Mesure, Jugement).
- « Tronc », ou « Cœur »: Tipheret (Amour, Beauté, Harmonie, Union).
- « Cuisse droite »: Netsah (Puissance victorieuse).
- « Cuisse gauche »: Hod (Puissance glorieuse).
- « Organe générateur »: Yesod (l'Acte masculin, fondateur et rédempteur).
- « Pieds »: Malkut (le Royaume et Réceptacle féminin, principe immédiat de la Manifestation).

Ajoutons que Métatron, identifié à Kether, pure Forme spirituelle « dont procèdent les formes de toutes les choses créées, est désigné en premier par le nom d'« Homme » »[5], avant même, si l'on peut dire, de représenter l'Archange suprême du Seigneur, Archétype increé des anges créés. Ainsi, la réalisation intégrale des Aspects de Dieu, des Sephiroth, coïncide-t-elle avec le recouvrement de la prime Révélation par Dieu de Sa « Forme (Nom et Nombre) » éternelle. Au-delà de Métatron, n'est plus que l'« Un » seul, le Sans Forme, le Sans Nom.

« Tous les commandements sont répartis selon les organes de l'homme [...] Lorsque tu y réfléchiras, tu découvriras que la Torah tout entière est comme un corps humain » (Meïr ibn Gabbay, m. v. 1543)[6].

L'observance de la Loi sacrée (Torah), celle des « Dix Paroles », donne la maîtrise de ces éléments qui constituent l'homme et lui seul. Éléments ordinairement divisés et entrés en conflit depuis l'exil de l'Adam primordial. L'observance scrupuleuse, par l'esprit, l'âme et le corps, de la Loi, opère leur réparation et leur réunification.

---

5. *Ibid.*, p. 129.

6. Cité par Charles Mopsik, (GTC), *op. cit.*, p. 371.

C'est ainsi que l'homme, en l'occurrence le juif pieux, se rédempte.

Le schéma dénaire des Sephiroth, calqué sur les Commandements de la grande Vertu, préfigure donc le processus de divinisation de l'homme. Alors, le « corps », ou l'état-degré psycho-somatique de l'Homme, est totalement Éther : principe et quintessence des Éléments. L'« âme », ou l'état-degré d'immanence, est identique à Métatron : principe et quintessence des Formes. L'« esprit », ou l'état-degré de transcendance, n'est autre que la Présence réelle de Dieu : la Shekinah.

L'Homme ainsi reconstruit, totalement habité par l'Esprit saint, est, dès lors, le centre de la création, « autour duquel gravitent, hiérarchiquement, tous les autres êtres, célestes et terrestres »[7].

Ajoutons que la réalisation spirituelle s'effectue sous des modes « ascendant » et « descendant », qu'elle est stable ou fugace, que le corps grossier est « sanctifié » avec l'âme (transfiguré, transformé, trans-ascendant), ou l'âme seulement, l'enveloppe corporelle restant alors comme une coquille vide.

L'identification des degrés de l'âme, qui sont les « habits » ou les « peaux » revêtus par l'Esprit à chaque nouvelle étape de son incarnation[8], avec les Émanations séphirotiques du plérôme divin et avec les degrés de l'Existence universelle, s'établit ainsi :

- L'âme éternelle et vivante (*hayah*) s'identifie, dans son double aspect, incréé et créé, au « Monde de l'Émanation » : la tri-unité séphirotique supérieure.

- L'âme souffle, ou spirituelle (*neshamah*), d'essence masculine, s'identifie au « Monde de la Création » prototypique.

- L'âme souffle, ou mentale (*ruah*), d'essence féminine, s'identifie au « Monde de la Formation » subtile.

---

7. Léo Schaya, (HAK), *op. cit.*, p. 136.

8. Les « châteaux de l'âme », chers à sainte Thérèse d'Avila.

- L'âme fonctionnelle, ou vitale (*nephesh*), la « tunique de peau », s'identifie au corps grossier, au « Monde du Fait, ou de l'Acte » sensoriel.

Quant à l'âme unitive, ou divine (*yehidah*) qui représente leur quintessence (ce que désigne l'expression « de peau, d'os, de chair et de nerfs »), elle est identique à l'Archange Métatron, figuration de l'Esprit saint, au contact même de Kether. Elle englobe et récapitule tous les degrés, tous les états, tous les cieux intérieurs de l'âme, mais aussi, par un grand mystère, les « cieux extérieurs » au plérôme : les « paradis » *et* les « enfers ».

Lorsque l'homme retrouve son état « sur-naturel » d'avant la chute, par la réparation des Sephiroth de la « Construction universelle » qu'il porte en lui, progressant sur les sentiers subtils qui les relient et les coordonnent harmonieusement, on le qualifie d'Adam « premier », ou « primordial » (*ha-Rischon*), ou encore d'« Homme immanent ». Lorsqu'enfin, il transcende totalement les conditions limitatives de l'existence, en intégrant la tri-unité des Sephiroth supérieures, increées, il est proprement déifié... C'est l'Adam *ilaah*, ou Qadmon : l'« Homme principiel », « transcendant ». Alors, « Dieu (le) fait participer pleinement à Sa Connaissance infinie »[9]. C'est là l'achèvement du grand œuvre kabbalistique, la réalisation intégrale de la Loi divine (Torah), elle-même « tissée avec le Nom de YHVH (et) forme de l'Homme » (Meïr ibn Gabbay). Chez l'homme ordinaire, déchu de sa condition première, les « six cent mille » canaux séphirotiques (*tsinouroth*) sont plus ou moins « brisés », « interrompus », « détériorés », par la transgression des commandements. La Lumière increéée d'En Haut ne passe plus d'une Sephira à l'autre, elle ne parvient plus à irriguer l'homme ni le monde d'en bas dont il est responsable. Nous allons voir plus en détail le processus de réparation, ou l'action de l'homme « en » Dieu.

9. Léo Schaya, (HAK), *op. cit.*, p. 73.

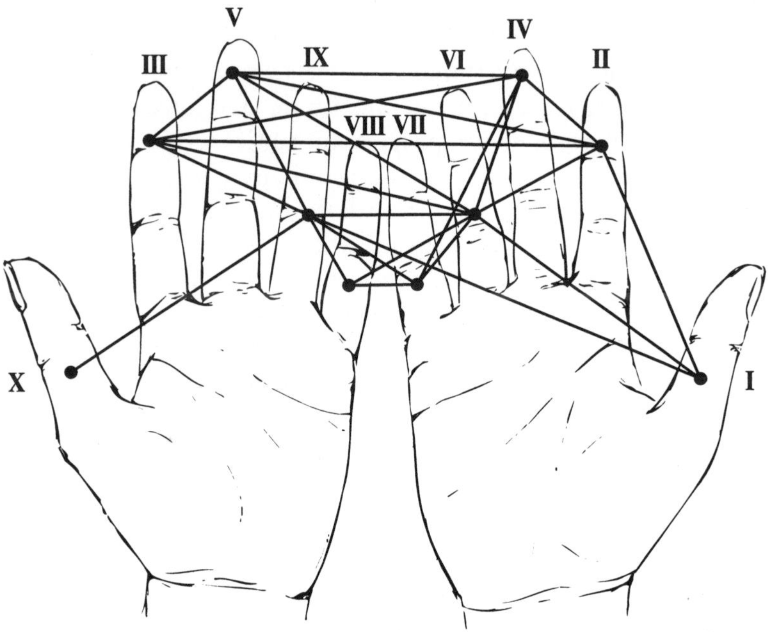

Les mains bénissantes et les vingt-deux canaux séphirotiques de l'influx divin.

Chapitre VII

THÉURGIE DE LA KABBALE

COMMANDEMENTS ET BÉNÉDICTIONS

Le but caché des « dix-huit bénédictions », des prières et lectures liturgiques, du sacrifice, du shabbat, est la « restauration de l'unité du plérôme divin », unité rompue lors de chaque transgression, individuelle ou communautaire, aussi modeste apparaît-elle. Les actes, gestes, paroles sacrées, conformes à la Loi, réparent le ciel, ré-harmonisent et amplifient la circulation des influx séphirotiques en l'homme et, par suite, dans toute la communauté d'Israël. Ce qu'un seul Israélite fait de bien ou de mal, il le fait à tous. Et il le fait d'abord, en Dieu, à Dieu.

On parle donc de « théurgie » du sacrifice, de la prière, de la lecture et, bien entendu, des 613 Commandements. Chacun de ceux-ci est un moyen unique d'agir « sur » Dieu, par une coopération consciente engageant la totalité de l'être :

« De tout ton cœur, de toute ton âme et de tout ton pouvoir. »
(Deut. 6, 5.)

La prière liturgique, singulièrement la récitation du *Shema Israël*[1] et de la *Tefilla*, nécessite une préparation visant à concentrer les puissances de l'âme. Ce qu'on appelle la *kavvana*, notion sur laquelle insisteront particulièrement les hassidim. « Lorsque tu pries, sache devant qui tu te tiens ! », prévenait déjà, au IIe siècle,

1. *« Écoute Israël, le Seigneur, notre Dieu, le Seigneur est Un »* (Deut. 6, 4), est au cœur de toutes les liturgies. La totalité des émanations séphirotiques est comme « concentrée » sur l'ultime mot : *Ehad*, « Un ». Les mots « Israël », « Seigneur » et « Dieu » forment un ternaire fondamental, identifié aux Sephiroth supérieures.

le *tanna* Éliezer ben Hyrkanos. Ou encore, très explicitement, Moïse de León :

> « Celui qui prie avec une intention du cœur, et qui sait L'unifier dans sa prière, y mettre son esprit et son âme, travaille pour son Créateur en lui rendant un culte valable, car il augmente et fait s'épancher un flux de bénédictions. »[2]

Maïmonide soulignera, à son tour, la nécessité de « détourner la pensée de tout sujet » autre que les mots du *Shema* et de la *Tefilla*.

La relation « opérative » entre commandements (*mitsvoth*) et prières de bénédiction repose, d'une part, sur l'idée que la totalité des 613 commandements (6 + 1 + 3 = 10) est contenue synthétiquement dans les « Dix Paroles » (Décalogue), idée déjà exposée par Philon d'Alexandrie, d'autre part, sur l'identité dénaire des « doigts » des mains droite et gauche avec les Sephiroth, et les colonnes de la Miséricorde et de la Rigueur. Cette identité est établie dans le *Sefer ha-Yetsirah*. Le nombre dix est ainsi la clef qui commande tout l'« Édifice » théurgico-kabbalistique des sept Sephiroth constructives.

Suivant Charles Mopsik :

> « [La]quasi identification [des Sephiroth] avec l'ensemble des commandements est un apport du Bahir [apparu, rappelons-le, dans le dernier quart du XIIe siècle, avec la Kabbale proprement dite…] Tous les commandements prescrits par la Loi (jusqu'aux plus "humbles") ont [ainsi] leurs racines au sein des dix Sefirot […] émanations essentielles ou instrumentales de la divinité. »[3]

Le Castillan Joseph Gikatila, très proche de la pensée de Moïse de León, dira, quant à lui :

> « Grâce à la prière faite convenablement, toutes les Sefirot (tous les Noms divins) s'unissent et l'influx procède de haut en-bas,

2. Cité par Charles Mopsik, (GTC), *op. cit.*, p. 150.

3. *Ibid.*, p. 110.

les êtres supérieurs et inférieurs sont bénis par le biais de celui qui prie [...] Toutes les requêtes de son cœur sont accomplies, parce qu'il est aimé de (Dieu par) toutes les Sefirot.»[4]

Le *Sefer ha-Zohar*:

«Lorsqu'un homme élève ses mains lors de la prière, il se concentre sur l'En Haut (le plérôme divin, les Sephiroth) par ses (dix) doigts.»

Le *Sefer ha-Bahir*:

«Les mains ont dix doigts, les dix Sephiroth par lesquelles le ciel et la terre ont été scellés. Ces dix correspondent aux dix Paroles (le Décalogue). Compte les lettres des dix Paroles, tu trouveras qu'il y a 613 lettres.»

L'identité des commandements et du Décalogue avec les doigts de la main est ainsi bien établie. Les bénédictions, «effusions de l'épanchement divin» (Charles Mopsik), opèrent par les émanations séphirotiques, se communiquent par les canaux qui les relient, et ce sont les dix doigts de la main bénissante, ouverte au ciel, qui les transmettent finalement à l'âme et au cœur, pour le bénéfice de toute la communauté d'Israël.

Comme modèle, on propose l'attitude gestuelle de Moïse pendant le combat que Josué menait contre les Amalécites. C'est en élevant les mains vers le ciel qu'il permit aux Israélites de triompher. Cette prière orante est l'acte théurgique par excellence, quand elle accompagne la prononciation du Nom, ou d'un Nom de Dieu.

La correspondance de la bénédiction avec les Séphiroth a été soulignée en ces termes par Asher ben David, neveu d'Isaac l'Aveugle:

«Lorsque se trouvent en Israël des hommes éclairés, ils élèvent les mains, au moment où ils prient, et ils orientent leurs dix doigts vers la "hauteur céleste" (c'est-à-dire, la Source des émanations séphirotiques), afin de faire s'épancher l'agrément

4. *Ibid.*, p. 155.

et la bénédiction dans les dix Sephirot, pour que, par leur biais, la bénédiction soit épanchée à notre adresse. »[5]

La bénédiction des prêtres, dans le Temple de Jérusalem, comportait une séquence capitale, lorsque les mains étaient élevées et le Nom de Dieu invoqué à haute voix.

« Point culminant de l'action théurgique [...] Elle tente d'attirer les influx des sephirot supérieures pour les faire descendre et les ramener auprès des sephirot inférieures [...] et elle tente de faire remonter les forces déchues pour les réintégrer dans le plérôme divin. »[6]

La théurgie de l'élévation des mains fut développée par Sabbataï Horovitz, à la fin du XVIe siècle. Il parla en ces termes des prêtres, « descendants du saint Aaron » :

« Les grâces et les miséricordes de YHVH s'établissent sur les organes de leurs doigts [...] Le Nom de YHVH, paume du mérite et de la miséricorde, s'attache et s'unit réellement aux mains des prêtres, en adhérant et fusionnant dans tous les organes de leurs doigts (= les vingt-huit phalanges, comparées à autant de « lumières ») et des paumes de leurs mains, comme si les prêtres étaient eux-mêmes l'essence du Nom YHVH, si l'on peut dire, et comme si tout le bien de YHVH était dans leurs mains. »[7]

Les paumes, les doigts, les phalanges des mains des prêtres, les prêtres eux-mêmes, sont alors comme un « char » pour la Grâce de Dieu (Hesed) et les autres Sephiroth. La bénédiction des prêtres est appelée l'« élévation des paumes », « car la paume du prêtre est la source du grand Nom, terrible et saint, qui est le principe et la source ». La paume bénissante et ses « vingt-huit canaux » est le

---

5. *Ibid.*, p. 96. L'élévation des mains, chez les chrétiens, est identifiée à la Croix, laquelle, comme l'Arbre des Sephiroth, est un symbole majeur de la Manifestation universelle.

6. *Ibid.*, p. 99.

7. *Ibid.*, p. 464 *sq.*

réceptacle du Nom, en même temps que la cause de l'épanchement de l'influx divin.

Les kabbalistes, comme Jacob ha-Nazir, font correspondre chaque séquence, mot ou même lettre de la prière, avec les « mesures » (*middoth*) divines, autrement dit, avec les Sephiroth. « Les trois premières et les trois dernières (des dix-huit bénédictions) se dirigent vers Binah. Les douze du milieu, le jour vers Tipheret, et la nuit toutes vers Binah. »[8]

Kabbalistes languedociens, catalans ou castillans, spéculeront sur les « fonctions psychologiques, symboliques et théurgiques de l'ensemble des *mitsvot* »[9]. Ezra de Gérone (au XIIIe siècle), glosant sur un des versets des Proverbes, dira :

> « L'accomplissement d'un commandement est une lumière de vie [...] Quand l'âme se séparera du corps, cette lumière sera comme une pompe (ou un "aimant") pour l'âme [...] qui, l'attirant irrésistiblement, l'élèvera et l'établira dans un lieu célestiel et intime, au sein de la Gloire du Saint, béni soit-Il. »[10]

La présence en l'homme des dix Sephiroth – qui sont aussi bien les Commandements du Décalogue – « établit une relation nécessaire entre elles et sa conduite »[11]. C'est pourquoi, « grande est la puissance de l'homme », libre d'attirer à lui et de fixer en lui les Puissances et Qualités divines par lesquelles il lui est donné pouvoir de se régénérer et de régénérer son monde. Ainsi, Ezra de Gérone dira que l'étude de la Torah et le respect scrupuleux des commandements divins « ont pour but de bénir, de sanctifier, d'unir et d'ouvrir pour elles (les Sephiroth) la Fontaine, et d'attirer à elles la Source de Vie »[12].

---

8. Cité par Roland Goetschel, *La Kabbale, op. cit.*, p. 72.
9. Charles Mopsik, (GTC), *op. cit.*, p. 115.
10. *Ibid.*, p. 116.
11. *Ibid.*, p. 120.
12. *Ibid.*, p. 122.

Suivant le *Zohar*, les commandements sont «des ligaments et des organes dans l'image de l'homme». C'est pourquoi aucun acte humain ne peut rester sans résonance au sein du plérôme divin, ni sans effets en retour.

> «L'inclination vers le bien ou le mal (définis par les 613 commandements positifs et négatifs), suscite une attraction du bien et du mal (issu du plérôme même, ou d'un "esprit étranger" au plérôme), qui à son tour engendre une inclination vers le bien et le mal.»[13]

Le bien, comme le mal, peuvent être ainsi renforcés ici-bas, selon le degré d'attachement aux pratiques spirituelles... ce qu'évidemment toutes les religions savent et enseignent!

D'un point de vue non théiste, les Orientaux connaissent cette notion comme la loi du *karma*, et les philosophes parlent de l'enchaînement des causes secondes: «à petite cause... grand effet», etc.. Le *Zohar*, paraphrase de l'Écriture, dit:

> «Celui qui verse le sang de l'homme, par l'homme et en l'homme son sang sera versé.»

Il en est ainsi parce que la terre de l'homme d'en bas est à l'image du ciel de l'Homme d'En Haut, et qu'il y a réciprocité entre la création et son Créateur. Le respect de la totalité des commandements est ainsi la condition de l'intégrité du plérôme. On notera, de surcroît, que c'est là le fondement de la notion de Justice et de Jugement:

> «Tout ce que l'on fait à l'homme remonte jusqu'à Dieu. Aussi son jugement s'étendra-t-il à tous, rendant à chacun selon ses mérites. Car Il juge Sa propre Forme.»[14]

Toute cette question a donné lieu à des développements très importants. Par exemple, chez Joseph de Hamadan (fin XIIIe-début XIVe siècle), qui associe chaque commandement positif (obligations) à autant d'«organes» de l'Époux, et chaque comman-

---

13. *Ibid.*, p. 205.

14. Texte anonyme cité par Charles Mopsik, *op. cit.*, p. 206, note 30.

dement négatif (interdictions) à autant d'« organes » de l'Épouse. l'Époux est ici constitué des Sephiroth de l'Activité masculine du plérôme, condensées en Yesod, et l'Épouse, de la Réceptivité féminine du plérôme : Malkut. Les 248 commandements positifs ont été mis en rapport avec les « membres » (forces, lumières, couleurs, anges...) du Corps de l'Homme primordial. Les 365 commandements négatifs, avec les « nerfs » ou « veines », ramifications des soixante-dix organes « féminins »[15]. On comprendra qu'accomplir consciemment un commandement donné agit sur l'organe lui correspondant subtilement, et génère, de proche en proche, l'activité théurgique de l'ensemble du plérôme. Le commandement est donc loin de n'être qu'un simple code moral, comme on le croit souvent aujourd'hui ! C'est « une réalité vivante, substantielle et singulière »[16]. L'accomplissement sans faille de la totalité des commandements signifie ainsi la complétude du plérôme. L'En Haut et l'en bas adhèrent de nouveau, l'Époux et l'Épouse sont conjoints, Dieu et l'homme réconciliés. C'est bien tout le désespoir des modernes que d'avoir postulé la « mort de Dieu » et banni les lois sacrées, car l'homme spirituellement aveugle et sourd ne maîtrise plus son propre monde et court, c'est criant d'évidence, à sa perte... d'autant que les magiciens et les petits pharaons, eux, sont devenus légions !

Des savants comme Menahem Recanati (XIIIe-XIVe siècle), qui contribua à introduire la Kabbale en Italie, ont consacré de volumineux ouvrages à la question de la *« Structure de la Divinité »*, suivant le titre d'un ouvrage anonyme, écrit en Espagne au début du XIVe siècle :

> « Quiconque accomplit un commandement [...] c'est comme s'il accomplissait réellement une partie du Saint, béni soit-Il. »[17]

---

15. Les correspondances précises des commandements avec les organes physiologiques et les facultés humaines constituent la base d'une médecine « holistique », dont l'orgueilleuse science moderne reste totalement ignorante.

16. Charles Mopsik, (GTC), *op. cit.*, p. 221.

17. *Ibid.*, p. 278.

À la croisée du *Zohar* et du platonisme, Chem Tov ben Chem Tov montrera la relation entre les 365 interdictions et les jours du cycle annuel, chaque « puissance impure » régnant sur un jour particulier, comme les 248 obligations correspondent aux « organes », semblables chez l'homme et l'Anthropos divin. Ainsi, l'application des commandements a pour but d'« éveiller les puissances de bonté, et d'éliminer les puissances d'impureté » (Yohanan Alemanno, m.1504).

SACRIFICE ET PRIÈRE

Il semble que ce soit dans le *Sepher ha-Bahir* que l'on voit le plus anciennement attribuer au sacrifice une fonction théurgique :

> « L'action du sacrifice consiste d'abord à rétablir l'unité des puissances ou des formes saintes composant la « plénitude » archangélique, ce qui permet ensuite la descente de l'Esprit divin avec lequel elles constituent une unité. »[18]

Quant à une définition universelle du sacrifice, citons René Guénon :

> « Le Sacrifice a pour fonction essentielle de "réunir ce qui a été séparé", donc en ce qui concerne l'homme, de ramener le "moi" au "Soi". »[19]

Le sacrifice des prêtres a été comparé à l'allumage d'une flamme d'en-bas qui se communiquerait aux mondes angéliques et archangéliques, embrasant la totalité du plérôme qu'elle répare et entretient, éveillant le Désir enflammé et amoureux de Dieu. Le *Zohar* dira que le sacrifice est « le fondement et la restauration du monde, la joie des êtres ».

---

18. *Ibid.*, p. 127. Sacrifice se dit *qorban*, mot de même racine que *qarav* : approcher, rapprocher, conjoindre. Les rapprochements significatifs entre la doctrine juive du sacrifice (dans le *Bahir*, chez Azriel de Gérone, Isaac l'Aveugle, Ezra ben Salomon, etc.) et celle du néoplatonicien Jamblique, sont exposés par l'auteur : p. 127 à p. 148.

19. René Guénon, *Études sur l'hindouisme*, Éditions Traditionnelles, Paris, 1979, p. 194.

Le sacrifice ne pouvant plus être effectué régulièrement (depuis la seconde destruction du Temple), on sait, avec Joseph Gikatila notamment, que la prière s'y est comme «substituée». L'oblation sacrificielle s'est faite verbe, et c'est désormais par le concours de la prière liturgique que la capacité d'action théurgique du culte hébraïque s'est maintenue jusqu'à aujourd'hui. Les Émanations séphirotiques ne sont autres, de ce point de vue, que les Énonciations des Qualités divines majeures. Nous avons vu comment les soixante-douze Noms de Dieu sont rattachés aux dix Sephiroth et aux canaux qui les relient, comme aux commandements [20]. Ce sont désormais les Noms qui montent directement à Dieu, d'où l'extrême importance des pratiques invocatoires.

SHABBAT

Signifiant le repos de Dieu en Lui-même, la réintégration sacrificielle de ses Activités dans la paix et le silence de son absolue infinitude, le shabbat hebdomadaire des juifs est théurgie... Ce n'est certes pas sans une raison profonde que l'entrée du shabbat, le vendredi soir, est considéré comme le «jour de la Kabbale». Ce jour-là, la Lumière du monde d'En Haut illumine le monde d'en bas – celui des activités humaines au cours des six autres jours de la semaine. «L'âme du Shabbat» pénètre alors le croyant, plus apte et plus disposé qu'un autre jour à «recevoir» (*qabbal*) les secrets de la Torah. On le consacre donc plus spécialement aux études.

La lumière du shabbat a été identifiée à la Shekinah, «la belle vierge qui n'a pas d'yeux» (*Zohar*), ce qui permit à Louria et à l'école de Safed de développer une symbolique rituelle des «noces mystiques». Lorsque le Roi s'unit à la fiancée du Shabbat, «les âmes des justes surgissent de leur union mystique»[21]. Ajoutons

20. Le rituel du Temple, d'une extrême complexité, était réparti entre plusieurs catégories de prêtres. Seul le «grand prêtre» possédait entièrement le grand Nom de Dieu.

21. Gershom Scholem, (KS), p. 158.

que, selon la tradition talmudique, les démons, eux, sont créés au crépuscule, juste avant l'entrée du shabbat.

Autre temps privilégié par le *Zohar* et les kabbalistes : l'heure de minuit. « À minuit, Dieu pénètre dans le paradis, pour accompagner les justes [...] Il est temps pour les pieux de se lever, comme le roi David, et de se livrer à l'étude de la Tora jusqu'à l'aube, ou de réciter des chants à la Shekinah. Car, à partir de minuit, la puissance de la sévère Justice qui le soir domine le monde est brisée [...] Les esprits et les démons n'ont plus de force. »[22]

Le *Zohar* dit encore qu'à cette heure là, a lieu le dialogue amoureux de Dieu et de la Shekinah jusqu'à leur union, et il développe une doctrine de l'union hiérogamique des Sephiroth, opérée par la récitation des bénédictions de la *Amidah*. Chaque séquence de la prière centrale du judaïsme est ainsi mise en relation avec les différentes étapes de l'approche amoureuse. Il s'agit, en quelque sorte, de « séduire » la Divinité, jusqu'à l'union sacrée du mariage. « Il faut que l'homme place son cœur et son désir, et qu'il se concentre dans toutes ces restaurations et ces arrangements de la prière : sa bouche, son cœur et son désir réunis. Maintenant que le Roi d'En Haut (la Sephira Tipheret) et la Reine (la Shekinah) sont unis dans la joie [...] c'est alors le moment de l'exaucement (des suppliques). »[23]

22. *Ibid.*, p. 164 *sq.*

23. Le *Zohar*, cité par Charles Mopsik, (GTC), *op. cit.*, p. 163.

Chapitre VIII

LE NOM DE DIEU, LA TORAH ET L'HOMME

« Sache que le secret de la Torah est d'amener la Gloire du Nom en ce monde. »
(Chem Tov ben Chem Tov.)

Suivant une tradition, rapportée notamment par Nahmanide, la « Torah originelle », toute entière composée du Nom de Dieu, a été révélée de façon continue, sans coupure entre les mots. Moïse reçut, en même temps, le dépôt du mystère de l'alphabet hébraïque et de la combinaison des lettres, avec toutes les significations possibles de l'Écriture. Non seulement la Torah forme une litanie de Noms divins, mais, prise dans sa totalité, cette guirlande d'« appellations » ou de « surnoms », constitue le grand et ineffable Nom de Dieu :

« Les cinq Livres sont le Nom du Saint, béni soit-Il. »
(Ezra de Gérone.)

De façon complémentaire, la Torah peut être envisagée comme le déploiement du Nom de Dieu, à partir de son essence sonore primordiale :

« La Torah est tissée avec le Nom YHVH, et elle est Lui, véritablement. » (Meïr ibn Gabbay.)

« Le Saint, béni soit-Il, est dans Son Nom, et Son Nom est en Lui. Or Son Nom est Sa Torah. » (Joseph de Hamadan.)

Ou encore :

« La Torah est comme un commentaire du Tétragramme. »
(Joseph Gikatila.)

Toutes ces formules, et bien d'autres encore, sous-tendent l'idée de l'identité foncière de la Torah de Dieu et du Nom de Dieu avec Lui-même. Le Nom de Dieu apparaît ainsi comme le *textus* transparent des lettres visibles de la Torah. Et cette trame originelle expose l'ensemble du processus d'émanation et de création « en » Dieu, et « hors » de Dieu... Encore faut-il savoir lire !

Lorsque Menahem Recanati (v. 1300) soutient, avec les autres kabbalistes, que « le Saint, béni soit-Il, est Lui-même la Torah », il faut entendre par là, avant tout, la Torah « increée », éternelle, faite de pure Lumière, non la Torah « créée », constituée, elle, des vêtements, ou voiles cosmiques de la Shekinah, dont le plus extérieur, l'apparence de la lettre, est de couleur noire. Cette Torah se différencie à son tour, puisque les premières Tables que reçut Moïse provenaient, dit-on, de l'Arbre de Vie. Le mystère de l'Unité divine était alors compréhensible par tous. Les secondes Tables (après que les premières furent brisées, consécutivement au péché d'idolâtrie), provenaient, elles, de l'Arbre de la Connaissance (du Bien et du Mal : la dualité dans notre monde). Le mystère de l'Unité n'est dès lors perceptible qu'aux yeux d'une infime minorité de justes. Ceux-ci, par leur application exégétique et leur parfaite soumission aux commandements, « libèrent (la Shekinah) du vêtement obscur du sens littéral [...] et l'ornent de vêtements brillants, les mystères de la Torah » (*Zohar*).

Chaque lettre de la Torah, donc du Nom de Dieu, est comme une âme vivante, et « tout est un seul ensemble, un seul organisme » (Azriel de Gérone). « La Torah se compose de membres et de jointures se trouvant dans un rapport hiérarchique réciproque, et quand ils sont arrangés en bon ordre, ils forment un seul organisme » (*Zohar*). Et c'est proprement l'ouvrage des kabbalistes que d'exhumer l'ordre secret des signes, pour reconstituer le grand Nom de Dieu, oublié des hommes. « Membres » et « jointures » de la Torah, les « Surnoms » de Dieu, désignent aussi bien les degrés hiérarchisés du sens. Le kabbaliste part du sens extérieur de la lettre, s'immerge en elle, jusqu'à en dévoiler les arcanes les plus subtils, ésotériques. C'est là ce qui fonde la doctrine du quadruple (ou septuple) sens de l'Écriture, bien connue aussi des penseurs chrétiens du Moyen Âge. Et l'on a dit encore que chaque lettre possède autant de sens qu'il y avait d'âmes présentes au Sinaï !

Sous certaines conditions, l'attestation de l'Unité, tel que l'énonce le *Shema Israël*, est un moyen direct, pour l'homme, de se conjoindre à Dieu. L'autre moyen (à supposer qu'on les dissocie) est l'invocation du Nom de Dieu.

Le Tétragramme trilitère YHVH était énoncé une fois l'an, et uniquement par le grand prêtre. Le service ne pouvant plus être régulièrement accompli, sa prononciation fut à la fois perdue et interdite ; depuis, les juifs lui substituent un nom comparatif, le plus souvent Adonaï : « Mon Seigneur ». Dans la Bible, Dieu est, en effet, appelé par divers Noms, « idéophoniques » (EL, YâH, YHVH...), ou « analogiques » (Mon Seigneur, Tout-Puissant, Seigneur des Armées...), pour reprendre les termes retenus par Léo Schaya.

Le Nom « unique », « explicite », « complet » est d'une « efficacité spirituelle incomparable, (il) permet l'actualisation immédiate de la présence divine, la Shekinah »[1]. C'est là, précisément, souligne l'auteur, la raison du fait qu'il fut interdit au peuple de le prononcer.

> « Les hommes instruits se transmettaient cela les uns aux autres, je veux dire la manière de prononcer ce Nom qu'ils n'enseignaient (qu')aux disciples d'élite, une fois par semaine. »
>
> (Maïmonide.)

On usa donc de Noms de substitution, comme celui de « douze lettres », qu'« on enseignait à quiconque désirait l'apprendre » (Maïmonide), ou celui de « huit lettres », synthèse des Noms YHVH et ADoNaY. Par la corruption progressive du temps et le relâchement spirituel, on en vint même à n'enseigner le Nom de douze lettres « qu'aux plus pieux de la classe sacerdotale, pour bénir le peuple dans le Sanctuaire (le Temple de Jérusalem) » (Maïmonide).

Il semble pourtant acquis que le secret de la prononciation du Tétragramme[2] fut transmis par une chaîne ininterrompue d'ini-

---

1. Léo Schaya, (HAK), *op. cit.*, p. 255.

2. La voyellisation du Tétragramme en *Yahvé*, ou, pire ! en *Jehovah*, dans certaines Bibles « chrétiennes », est inappropriée à l'usage liturgique.

tiés, en même temps que l'ensemble des « Mystères de la Torah » : soit le sens purement spirituel de l'Écriture, avec ses applications théurgiques.

Le Tétragramme, le « Nom complet », est décomposable en deux binômes (YH et VH) correspondant respectivement aux aspects transcendant et immanent de Dieu. Le premier n'est autre que le « Grand Nom » divin Yâh (lettres Yod-Hé), invoqué par les Hébreux jusqu'à la conversion du nom de « Jacob » et de son peuple en « Israël », lors de l'épreuve capitale de la lutte avec l'Ange de Dieu. Le passage du Yâh à YHVH correspond à la fin de la période « patriarcale » et à l'établissement de l'identité raciale et spirituelle juive.

Suivant le *Zohar* :

> « Tout est compris dans ce Nom. Tout ce qui est En Haut et tout ce qui est en bas. En Lui, sont compris les 613 commandements de la Torah. »

Et Léo Schaya, après avoir cité cet extrait et renvoyé au Psalmiste (118, 5, 17-19), précise :

> « Quand on invoque ce Nom d'une manière sérieuse, c'est donc comme si l'on accomplissait tous les commandements de la Religion juive. Ce Nom pardonne et compense, miséricordieusement, l'insuffisance de l'homme à l'égard de la Volonté divine. »[3]

On a déjà vu la correspondance étroite existant entre les commandements et les Sephiroth (par les « Dix Paroles » ou Décalogue).

> « La compréhension du fondement des Noms sacrés est liée à celle des dix Sephiroth qui représentent elles-mêmes des "Noms contemplatifs" de Dieu. »[4]

Les correspondances sont les suivantes :

I. Kether : *Ehyeh*, l'« Être ».

---

3. Léo Schaya, (HAK), *op. cit.*, p. 169.
4. *Ibid.*, p. 159.

II. Hokmah : *Yâh*, l'« émanation première et indistincte de l'Être ».
III. Binah : *YHVH-Elohim*, les « Dieux », c'est-à-dire la pluralité distinctive des Émanations du plérôme divin.
IV. Hesed : *El*, ou *Elohaï*, « Mon Dieu ».
V. Dîn : *Elohim gibor*, « Dieux forts ».
VI. Tipheret : *YHVH*, l'union de la Transcendance (YH) et de l'Immanence (VH).
VII. Netsah : *YHVH-Tsebaoth*, « YHVH des Armées » célestes.
VIII. Hod : *Elohim-Tsebaoth*, « Dieux des Armées » célestes.
IX. Yesod : *El Hay*, « Dieu Vivant », ou *El Shaddaï*, « Dieu Tout-Puissant ».
X. Malkut : *Adonaï*, « Mon Seigneur ».

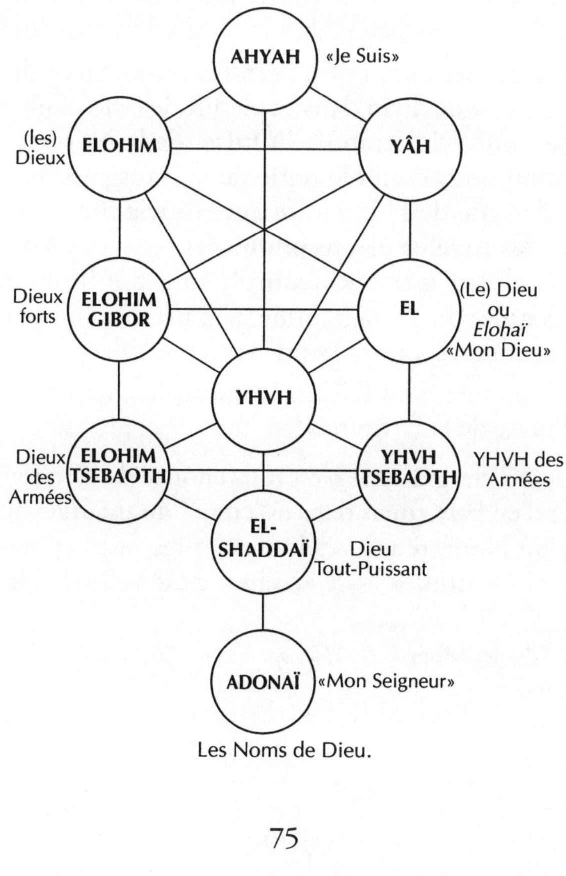

Les Noms de Dieu.

« L'homme est la créature du Nom », a-t-on dit dans un autre contexte spirituel… Pour les kabbalistes, l'identité de Dieu et de Son Nom n'est complète, et donc pleinement manifeste, que *par* l'homme et *pour* l'homme, fait *« à la ressemblance de Dieu »*. Ainsi, chez Isaac l'Aveugle :

> « Le Nom ineffable […] avec ses quatre lettres, symbolise la plénitude et l'harmonie parfaite du monde divin […] Ce Nom, à savoir la divinité manifestée, ne fut complet que lorsque l'homme fut créé. Le jour où YHVH-Elohim fit le ciel et la terre, le Nom n'était pas entier, jusqu'à ce que l'homme soit créé à l'image de Dieu, et que le sceau soit complet. »[5]

Par la connaissance qu'il a, *a priori*, du Nom de Dieu, l'homme logos, théomorphe, placé au centre du cosmos, possède les clefs des mystères de la Terre et du Ciel ; le Mystère de l'Unité divine, avec ceux de la Science du bien et du mal. Mais il y a une contrepartie.

« Si la création de l'homme a permis l'achèvement de la manifestation du monde divin dans sa plénitude (= le Nom entier)[6] », à l'inverse, toute violation de l'Ordre, de la Norme, de la Loi (répercussion onto-cosmologique de la transgression originelle d'Adam, de celle de l'humanité antédiluvienne, puis de celle, répétitive, des Israélites), a reconduit (et reconduit chaque jour) le Nom de Dieu à son « incomplétude pré-humaine ». Des consonnes unies du Tétragramme, n'apparaît désormais, dans le domaine manifesté, que le Nom lacunaire Yâh.

> « Cette coupure dans le Nom sacré représente une rupture dans l'unité de la Divinité. »[7]

Dès lors, le Tétragramme n'est plus énoncé dans le Temple de la Jérusalem d'en bas, « mais dans le “cœur” du théurge, qui comble la lacune du Nom, réunit ses lettres, et reconstitue ainsi la divinité dans sa plénitude »[8] – le « cœur », c'est-à-dire la Jérusalem et

---

5. Cité par Charles Mopsik, (GTC), *op. cit.*, p. 73.

6. *Ibid.*, p. 83.

7. *Ibid.*, p. 84.

8. *Ibid.*, p. 90.

le Temple d'En Haut. L'invocation du Nom de Dieu, dans et par le cœur, est ainsi l'acte théurgique par excellence, et c'est là, notons-le, la signification spirituelle de la Restauration du Temple.

Seuls ceux qui connaissent cette doctrine du « Nom lacunaire », transmise par les kabbalistes, « ainsi que les opérations théurgiques aptes à le restaurer, sont en mesure de prier de façon à reconstruire le plérôme divin, dont le Temple de Jérusalem était sur terre le symbole »[9]. Mais à la « fin des temps », avec la venue du Messie d'Israël, cette connaissance sera commune à tout le Peuple élu.

Dans cette attente, l'unification du grand Nom de Dieu – par la proclamation de Son Unité, à travers la récitation rituelle et unionnante du *Shema Israël* – répare la transgression originelle qui entraîna la séparation du « mâle » et de la « femelle » au sein du plérôme divin, et qui, par là, introduisit la corruption, l'exil et la mort dans tout le monde d'en bas. La récitation, par l'Israélite (le « fils de la maison »), du *Shema* (donc du Nom), réconcilie les « parents spirituels de l'homme », le « Roi et la Reine », les Sephiroth Yesod et Malkut. « Quand nous prions, nous unifions le Nom du Roi de Gloire (YHVH), l'Époux à l'Épouse, (= la Communauté des Israélites) » (Joseph de Hamadan)... Car :

« Eux et Son Nom sont uns. » (Zohar.)[10]

9. *Ibid.*, p. 92. Le « secret du Nom ineffable » est une des dénominations du plérôme des Émanations divines.

10. Cité par Charles Mopsik, (GTC), *op. cit.*, p. 176 et p. 179.

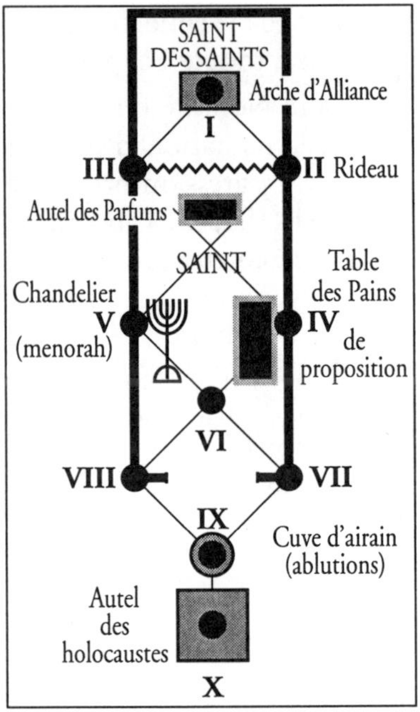

La tente du Témoignage
et l'Arbre des Séphiroth.

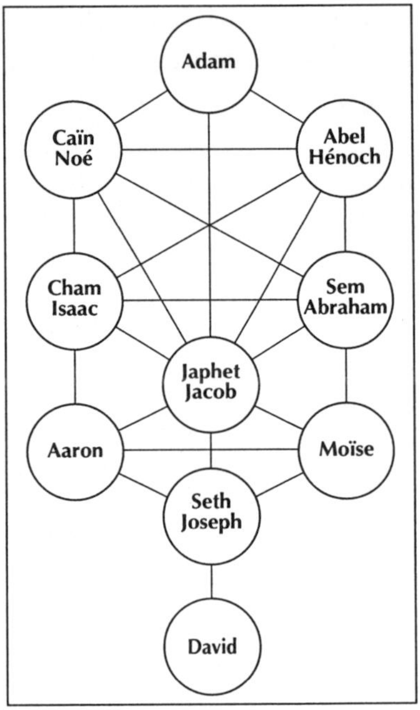

<u>Adam et ses fils</u> : Abel, Caïn, Seth.
<u>Noé et ses fils</u> : Sem, Cham, Japhet.
<u>Les Patriarches</u> : jusqu'au roi David.
(Schéma indicatif. Il en existe de nombreuses variantes.)

CHAPITRE IX

DU XIVe AU XVIe SIÈCLE

Pendant tout le XIVe siècle, la Kabbale espagnole fut particulièrement féconde. Elle bénéficia d'un climat de tolérance contrastant singulièrement avec ce que la Péninsule devait connaître plus tard. C'est l'époque des grands commentaires kabbalistiques sur la Torah (par exemple, Bahya ben Asher de Saragosse), sur les œuvres de Nahmanide ou d'Aristote. On compile les anciens enseignements, on tente des synthèses philosophiques hardies, spécialement chez les arabophones, comme Joseph Abraham ibn Wakar, à Tolède. Il se développa aussi une littérature éthique (Israël al-Nakawa, à Tolède également), qui se prolongera plus tard en Terre sainte, avec Moïse Cordovero et son fameux *Palmier de Deborah*.

La détérioration de la condition des juifs dans les communautés espagnoles amena inévitablement celles-ci à se replier sur elles-mêmes. Au milieu du XVe siècle, les kabbalistes se démarqueront de plus en plus nettement de la philosophie qui, à leurs yeux, favorise une dissolution de la pensée juive, et déprécie d'autant la Torah. Les dernières décennies seront ponctuées de polémiques dogmatiques biaisées, d'autodafés du Talmud, de mesures discriminatoires, parfois même de pillages et de meurtres. Avec la prise de Grenade aux musulmans, la *Reconquista* chrétienne est achevée. Le 31 mars 1492, Ferdinand d'Aragon et Isabelle de Castille signent le fameux édit d'expulsion. Pendant quatre mois, cent à cent cinquante mille juifs quittent leur Espagne natale, en abandonnant leurs biens, pour le Portugal, la Navarre, le Midi pyrénéen, l'Italie, l'Afrique du Nord ou la Terre sainte. Ainsi prend fin la *convivencia* de la civilisation arabo-andalouse, qui vit cohabiter et s'enrichir mutuellement, pendant plusieurs siècles les trois traditions filles d'Abraham[1].

---

1. Cette catastrophe spirituelle et culturelle est moins due à l'action de l'Église qu'à une conception centraliste, étatique et totalitaire de la monarchie, inconnue

La fonction messianique attribuée implicitement, par le *Zohar*, à Rabbi Siméon bar Yohaï, indique assez bien la vocation cachée de la Kabbale et des kabbalistes: faire traverser au Peuple élu le torrent tumultueux et boueux de l'histoire, jusqu'au temps du Messie. Le déracinement brutal et massif des juifs de la péninsule Ibérique aurait très bien pu signer l'arrêt de mort du judaïsme, son assimilation progressive par le christianisme, voire (forcément dans une moindre mesure) par l'islâm. Il n'en fut rien, bien au contraire! La douleur de l'Expulsion intensifia et exacerba l'espérance messianique. Espérance que la Kabbale était non seulement à même de percevoir, mais, au sens fort du mot et comme par définition, de «recevoir». Les temps pouvaient sembler accomplis, le summum de l'épreuve commune devant annoncer la solution[2] du «problème juif».

La méditation méthodique, à partir de l'immense corpus doctrinal charrié par la tradition orale et interprété par les kabbalistes, doit redonner à toute la communauté répandue sur le pourtour méditerranéen, à chaque âme pieuse, l'espérance que la délivrance est proche, et le courage de vivre avec, pour seul bagage, la foi ancestrale.

En Italie, seul le royaume de Naples accueillit sans contreparties les expulsés de 1492, qui, toutefois, se dissémineront facilement, au cours des années suivantes, dans les villes du nord, à Mantoue et Venise notamment. Joseph ibn Shraga, Yeoudah Hayyat, Johanan Alemanno (m. 1504), ou encore Élie Hayim de Genazzano (m. v. 1510) rejoindront le pays de Dante où s'épanouira une Kabbale teintée de platonisme. Les humanistes chrétiens, comme Marsile Ficin (m. 1499), en feront leur profit. Alors que ce dernier traduisait Platon et Plotin pour le compte de l'Académie florentine, le médecin juif Élie del Medigo (m. 1497) traduisait Aristote.

au Moyen Âge. Monarchie non dénuée de grandeur, certes, mais rigide, froide, grandiloquente, donc fatalement liberticide. Avec la pseudo «découverte de l'Amérique», l'année 1492 est une pierre noire pour l'Occident qui ouvre des routes intercontinentales... mais se ferme à l'esprit!

2. Nous n'employons pas ce mot par hasard. L'épreuve, individuelle ou collective, est toujours un nœud, une «coagulation». Elle appelle donc son dénouement, sa «solution».

Tous se côtoyaient. Alemanno fut ainsi un des maîtres et l'ami de Pic de la Mirandole. Il est vrai que nombre de kabbalistes se convertirent alors au christianisme[3].

Dès la fin du XVe siècle, fut entrepris un « effort de synthèse [...] travail de recomposition et d'unification générale »[4], dans le sens d'un élargissement didactique des perspectives doctrinales offertes par la Kabbale. Celle-ci s'adapta à la théologie, en se voulant moins élitiste et plus pédagogique à la fois. La grande difficulté entre théologiens « ordinaires » et kabbalistes étant, comme le souligne Charles Mopsik, de concilier « l'explication théurgique des commandements », chère à ces derniers, et l'affirmation dogmatique de l'absolue transcendance du Dieu ineffable, inconnaissable, impassible...

Moïse ben Jacob de Kiev s'attachera, avec d'autres, à montrer la compatibilité des deux points de vue, « exotérique » et « ésotérique » :

> « Sache que les dires montrant que l'action des hommes influe et fait impression dans les hauteurs ne concernent que les Sephirot, alors que ceux qui indiquent le contraire se rapportent au En-Sof, béni soit-Il. »

Les Sephiroth « portent la trace des actes des hommes », tandis que l'En-Sof « n'en pâtit d'aucune manière »[5].

Outre l'Italie, la tradition ésotérique se redéploya et s'enracina durablement à Safed, en Galilée, l'une des « Quatre villes saintes » d'Israël, avec Hébron, Tibériade et, bien sûr, Jérusalem. Dans le premier quart du XVIe siècle, Safed vit converger des talmudistes et des kabbalistes de diverses écoles, pour beaucoup originaires d'Espagne. La Kabbale y acquit « la place d'une puissance spirituelle centrale [...] car elle sut donner une réponse toujours pressante du sens de l'Exil aux esprits profondément troublés par l'expulsion tragique des juifs espagnols »[6].

---

3. De grandes autorités talmudistes et kabbalistes vivaient déjà en Italie, bien avant l'Expulsion, comme Menahem ben Benjamin Recanati (m. 1350), ou son contemporain Ruben Tsarfati.

4. Charles Mopsik, (GTC), *op. cit.*, p. 338 *sq.*

5. *Ibid.*, p. 339.

6. Gershom Scholem, (KS), *op. cit.*, p. 108.

« Une première reformulation de la Kabbale fut l'œuvre de Salomon Moïse Alkabetz (m. v. 1580), qui émigra de Salonique à Safed en 1535. »[7]

Mais c'est surtout Moïse Cordovero, son disciple et beau-frère, qui s'imposera comme le grand maître de Safed, parallèlement aux travaux érudits du talmudiste Joseph Caro, et à l'œuvre d'Isaac Louria, « visionnaire charismatique » (DEJ), futur grand réformateur de la Kabbale[8].

« Certains maîtres se réclament d'un nouveau type de révélation, celle d'un maggid, mentor spirituel qui pourrait être soit un ange, soit une âme qui s'exprimerait par les lèvres du kabbaliste. »[9]

Joseph Caro reçut de cette façon la révélation de son *Maggid Mesharim*.

À la charnière des XVe et XVIe siècles, un courant messianique et apocalyptique, amené par Abraham ben Éliezer ha-Lévi, annonçait l'année 1524 comme marquant le début de l'ère du Messie. Joseph Della Reyna proposait, lui, de « provoquer » la fin des temps, alors que des prêcheurs chrétiens parcouraient l'Europe pour annoncer la prochaine venue du « Pape angélique ».

MOÏSE CORDOVERO, JOSEPH CARO, ISAAC LOURIA ET L'ÉCOLE DE SAFED

Moïse Cordovero (1522-1570) rédigea son fameux *Pardes Rimmonim* (le *Jardin des Grenades*) dans sa jeunesse, avant de s'engager dans un grand commentaire du *Zohar: La Lumière précieuse* (*Aor Yaqar*). Il y conçoit le Monde de l'Émanation comme placé sous l'influence conjuguée de deux Lumières spirituelles, l'une « directe », l'autre « réfléchie », miséricordieuse et rigoureuse, alternance de « dévoilements » et d'« occultations »... Les applications

7. Roland Goetschel, *La Kabbale, op. cit.*, p. 110.

8. Les tombes de Cordovero, Caro et Louria sont groupées. Depuis plus de trois siècles, les juifs pieux y déposent des bougies.

9. Roland Goetschel, *La Kabbale, op. cit.*, p. 110. *Maggid*: litt. « narrateur ». Dans la Bible, il désigne celui qui porte un message, mais c'est aussi le prêcheur itinérant des communautés ashkenazes médiévales, exhortant à la pieuse morale. Le hassidisme doit beaucoup à l'activité des *maggidim*.

concernent à la fois l'âme pieuse individuelle, l'histoire d'Israël, et le rythme même de tout l'univers. On a parlé, pour cette œuvre grandiose, d'une « théodicée de la lumière », qui n'est pas sans évoquer les deux « ailes » de l'*Archange empourpré* du soufi chiite Sohrawardî. Le *Palmier de Deborah* connut, lui aussi, une large audience. Cordovero y relie l'éthique aux principes théosophiques de la Kabbale. Chaque acte humain doit « imiter » une fonction séphirotique correspondante, et cette « adhésion », lorsqu'elle est parfaite et continue, unit directement l'humain à l'En-Sof : l'Être infini.

Moïse Cordovero forma plusieurs disciples, dont son ami Eliyah de Vidas, auteur d'une œuvre d'éthique : *La Communauté de la Sagesse*.

Joseph Caro (1488-1575). Originaire d'Espagne, établi à Safed, il s'imposa comme le grand codificateur des normes juridiques, avec la *Table dressée*. Il « fut aussi un kabbaliste important et un visionnaire qui bénéficia de la visite régulière d'un *maggid* [...] personnification angélomorphique de la Michnah »... Cet Instructeur céleste, que l'on identifie à la Shekinah elle-même, lui révéla le secret des Sephiroth.

> « Tous les commandements dépendent des Séphirot : quand l'homme accomplit un commandement, il attire une vitalité et un influx sur les Sephirot dont dépend ce commandement et, lorsqu'il transgresse un interdit, il diminue la vitalité et l'épanchement des Sephirot dont dépend cet interdit. »[10]

Isaac Louria (1534-1572). Issu d'une famille émigrée d'Europe centrale, le « Ari » naquit à Jérusalem, vécut en Égypte où il étudia auprès de David ben Zimra, et il passa les trois dernières années de sa courte vie à Safed, « par ordre du Ciel ». Il s'y agrégea au cercle des « Compagnons de Moïse Cordovero », puis enseigna à son tour à quelques disciples, parfois au cimetière, entre les tombes des juifs pieux. De son vivant, cet enseignement resta oral. La ville, dotée d'une vingtaine de synagogues, comptait alors un millier de familles (vingt mille habitants aujourd'hui). Le tombeau de Siméon bar Yohaï (à l'origine des enseignements du *Zohar*) se trouve à proximité.

---

10. Charles Mopsik, (GTC), *op. cit.*, p. 383 *sq.*

Le « lion de Safed » ranima les pratiques de la prière nocturne, des lamentations sur la perte du Temple, et de la confession des péchés. Les fidèles se levaient à minuit, se couvrant la tête, s'enduisant le front de cendres, et ils chantaient les chants de l'Exil :

> « Au bord des fleuves de Babylone, nous étions assis et nous pleurions... » (Ps. 137.)

Le reste de la nuit voyait alterner études et méditations. Louria insista sur d'autres pratiques ascétiques, comme le jeûne, spécialement à la veille de la nouvelle lune, symbole de l'occultation de la Shekinah.

Trois disciples principaux transmirent et diffusèrent son enseignement : Moïse Yonah, Joseph ibn Taboul, et surtout Hayim Vital (m. 1620). Celui-ci, sans doute d'origine calabraise, mais né lui aussi en Terre sainte, aurait consacré vingt années à la rédaction des huit chapitres des *Huit Portails*. Avec Israël Sarug, puis Abraham Herrera (*La Porte du Ciel*), qui ne furent pas des disciples directs, la Kabbale « lourianique » se teinta de néo-platonisme. Le premier la fera connaître à l'Italie.

En 1575, douze disciples de Louria s'engagèrent à reconnaître Vital comme leur unique maître. Ordonné rabbin, celui-ci exerça cette charge quelques années à Jérusalem, puis à Damas où, semble-t-il, il finit sa vie. On lui connaît, outre sa « somme lourianique », des traités d'éthique, d'astrologie et d'astronomie, ainsi qu'une anthologie de la littérature kabbalistique.

Isaac Louria, s'appuyant sur l'autorité absolue du *Zohar*, développa l'idée maîtresse que l'exil terrestre (symbolisé par l'esclavage en terre égyptienne) est l'expression d'une disharmonie dans le monde d'En Haut, avec, pour conséquence, la libre diffusion du mal et de l'injustice dont souffrent les Israélites et le monde d'en-bas. Toute la vie humaine, jusque dans ses actes et ses paroles les plus infimes, a dès lors pour but la réparation du plérôme divin, tout en préparant la voie à la rédemption totale et définitive du Peuple élu.

Comme nous allons le voir, la grande idée de la Kabbale lourianique repose sur la triple notion de « retrait de Dieu », de « brisure des vases » et de « réparation ».

CHAPITRE X

LA TRIPLE DOCTRINE

La Kabbale lourianique s'articule autour de trois concepts doctrinaux majeurs qui exposent le triple mystère de la création («en Dieu»), du mal et de la rédemption:

- Le *Tsimtsoum*: «Retrait» de Dieu en Lui-même, afin de permettre aux mondes d'exister.
- La *Shebira*: «Brisure» des Vases séphirotiques, dans lesquels, à partir du Retrait, la Lumière divine de l'Unité s'est originellement déversée.
- Le *Tiqqoun*: «Réparation» ou «Restauration» du monde, obscurci et souillé par le mal qui a été libéré, consécutivement à la brisure des vases.

TSIMTSOUM

Ce terme se traduit par «Contraction» (de Soi-même), «Retrait» (en Soi-même), ou «Concentration» (sur Soi-même). Dieu concentre sa Puissance, sa Lumière, en un «point», en son propre «centre». «Le Saint, béni soit-Il, a retiré sa Lumière puissante d'une part de Lui-même», est-il dit. Ou encore, cette même Lumière s'est affaiblie et presque éteinte en un «lieu» qui est comme un «vide» apparu dans l'Être. Vide ou obscurité absolument nécessaire pour permettre l'«épanouissement cosmique» (Léo Schaya) des âmes et le rayonnement de toutes les lumières (les essences) des choses créées.

Dieu – l'Un absolu et Infini – peut cela, parce que l'absoluité suppose l'infinitude rayonnante et communicative des possibilités. Dieu est Toute-Possibilité. Il peut tout ce qu'Il veut. Le retrait en Lui-même de Sa propre Lumière «pour faire place au "Lieu" du Cosmos» (Léo Schaya) est une possibilité qui, par le libre Jeu divin, sera amenée ou non à s'actualiser et à s'épanouir. Cette part de la Lumière divine, ce Lieu du Cosmos, est «la Réceptivité de Dieu qui s'actualise au sein de Sa Plénitude»[1]. Dans la perspective de la doctrine des Sephiroth, «cette Réceptivité ("en haut") s'identifie à *Binah*, la "Mère suprême", qui est éternellement emplie de l'Émanation infinie et lumineuse du "Père", *Hokmah* (la Transcendance divine); "en-bas", elle est *Malkuth* (l'Immanence divine), la "Mère inférieure" ou Réceptivité cosmique de Dieu»[2].

Malkut recevant à la fois les Émanations de Rigueur (par Dîn) et de Grâce (par Hesed), c'est en elle qu'opère ultimement la «Contraction» divine.

> «Sous l'effet du Tsimtsum, la Plénitude divine se retire relativement de la "Mère inférieure", pour éveiller en elle la réceptivité créatrice; quand celle-ci s'actualise, elle prend l'aspect du vide ou "Lieu du monde", prêt à recevoir la manifestation cosmique.»[3]

Le «Retrait» rigoureux (Dîn) en un «Lieu Vide», «Cavité» ou «Matrice» (Malkut), ne pouvant être absolu[4], il est totale «concentration» en un point résiduel causal: «Étincelle» indestructible, «Germe» indivisible, «Cause» d'une indéfinitude de possibilités informelles rayonnantes, avec leur éventuel épanouissement plastique formel (les créatures). Ce germe «lumineux», mais aussi bien «sonore», n'est autre que l'image projetée d'un Aspect archétype de Dieu, en Lui-même[5].

Cette doctrine du *tsimtsoum* a été exprimée d'une autre façon dans le *Zohar* (*Idra Rabba Qadisha*):

> «Dieu, est-il dit, tira devant Lui-même le Rideau.»

Rideau ou Voile dont Il entoure sa Lumière infinie et sur lequel se projettera la multitude de ces «moindres lumières» que sont les

1. Léo Schaya, (HAK), *op. cit.*, p. 66.
2. *Ibid.*, p. 67.
3. *Ibid.*, p. 67.
4. Si c'était le cas, l'Absolu se nierait Lui-même, et nierait d'ailleurs sa propre Grâce (Hesed), ce qui lui est impossible... Il n'y a qu'un seul Dieu, et Il ne saurait être autre que ce qu'Il est.
5. Sur la question de la Création «en Dieu», la vulgarisation trouve vite ses limites, et elle n'est pas sans quelques inconvénients... Nous renvoyons donc à l'œuvre magistrale de Léo Schaya: *La Création en Dieu*, Dervy, Paris, 1983.

formes inépuisables de sa Création[6]. La création est une « image » du Créateur. C'est dire qu'elle est une illusion (c'est d'ailleurs un des sens du verbe hébreu *baro* : créer), mais aussi une image du « Vrai » qui la projette. Elle est la « Vraie image », l'Icône du divin. L'Image de Dieu qui, en elle et par elle, Se contemple Lui-même, incessamment.

Charles Mopsik résume la théorie lourianique du *tsimtsoum*, telle qu'elle fut exposée par Hayim Vital :

> « Après le *tsimtsoum* ou rétraction du En Sof (Infini) en lui-même, un résidu (*reshimu*) en subsista dans l'espace circulaire laissé vacant (*tehiru*), puis un rayon du En Sof investit en partie cet espace. »[7]

L'« espace » d'où Dieu s'est retiré de Lui-même n'est autre que sa Puissance rigoureuse, la *Rigueur*, jusque-là absolument non-manifestée et comme submergée dans l'Océan infini de la *Miséricorde*. Le Rayon de Lumière primordiale de l'En Sof qui traverse cet espace indifférencié et s'y propage, et duquel émergeront les mondes par différenciation[8], n'est autre que la Puissance miséricordieuse, la Miséricorde divine « agissant » au cœur même de la Rigueur[9].

Le processus divin de contraction et d'expansion – l'inspir et l'expir, le *coagule* et *solva* des alchimistes, l'enstase et l'extase, etc. – se dupliquera alors dans toutes les manifestations possibles de la création. En premier lieu, dans l'âme humaine, comme « rejetée » hors de Dieu par le poids de la transgression des commandements, mais qui, par son application à les réaliser, est amenée à Le réintégrer finalement.

La réfraction du premier rayon de Lumière divine sur le *reshimu* (le résidu du retrait, du *tsimtsoum*) va s'irradier sphériquement, en formant la figure théomorphe de l'Adam Qadmon : l'Homme Logos, l'Homme primordial, encore parfaitement « en »

6. Le « Rideau » est, pour les hindous, le « Voile » de la Maya cosmique. Le symbolisme du théâtre d'« ombres chinoises » est équivalent.

7. Charles Mopsik, (GTC), *op. cit.*, p. 493.

8. Dont « notre » monde, le monde de l'humain.

9. Dieu ne « veut » pas Sa Rigueur. Mais Il veut que Sa Miséricorde infinie soit connue du fini ; pour cela, elle doit rayonner « hors » d'elle-même… et ce qui « en » Dieu, est « hors » de Sa Miséricorde, est Sa Rigueur.

Dieu, qui possède la totalité de la Lumière divine. Puis cette Lumière va jaillir par les ouvertures des yeux, des oreilles, des narines et de la bouche, se différenciant ainsi en sept et dix lumières, symboles premiers des modes de l'Esprit universel, dans un Réceptacle unique, symbole premier de l'Âme universelle. Ce réceptacle va se différencier à son tour en autant de « Vases » (*Kelim*) pour recevoir les lumières projetées par l'Adam Qadmon, et qui sont sa propre forme.

SHEBIRA

Mais seuls les trois Vases supérieurs (qui correspondent au Monde du pur Esprit) purent recevoir pleinement cette Lumière incréée. Les sept autres Vases (les Mondes de l'Âme) se brisèrent sous l'effet de l'irruption de l'En Sof qu'ils ne purent contenir, laissant échapper la Lumière divine. C'est le concept de la « brisure des vases », encore appelé la « mort des Rois » primitifs. Six se brisèrent complètement, le septième (la dixième et dernière Sephira : Malkut) partiellement[10]. L'Âme universelle se fragmentant, les morceaux des vases brisés entraînèrent avec eux les mondes correspondants, alors que la plus grande part des lumières échappées des vases brisés, réintégra directement la Source première supérieure.

C'est par l'amalgame d'éclats de lumière restante et de tessons de « terre », que se constituèrent, hors du plérôme, ou plutôt dans son ombre, les « coquilles », ou « écorces » (*kelippoth*) dans lesquels s'activent, depuis, les puissances ténébreuses de la manifestation subtile et grossière. Là, sont les « racines du mal », où loge le tentateur biblique. Or, « nous vivons dans un monde fait des débris de ces vases de lumière »[11] ; c'est dire que nous cohabitons, bon gré, mal gré, avec le mal.

Dès lors, la vocation essentielle de l'homme consiste à contribuer à la réparation de la dramatique « brisure des vases », vases dont les morceaux, épars en nous, restent toutefois autant d'étin-

---

10. Il est facile de comprendre que si Malkut, elle aussi, avait été complètement brisée, l'Opération divine de la création aurait été un échec… Et nous n'en parlerions pas !

11. Charles Mopsik, (GTC), *op. cit.*, p. 494.

celles de Lumière divine. Pour les kabbalistes, ces fragments sont identifiés aux 613 commandements. Il s'agit donc de « faire remonter les étincelles de lumière, encore emprisonnées dans les coquilles, vers leur source divine... (de se détacher) des coquilles devenues enfin inertes et impuissantes, parce qu'exsangues de toute vie divine »[12]. C'est ainsi que l'âme s'épure. Ces déchets de matière inférieure, ces coquilles vides, sont la « poussière » indifférenciée dont parle l'Écriture, potentiellement disponibles pour de nouvelles créations.

L'extraction de la lumière, signifiant ultimement résurrection et déification, est l'œuvre de l'Homme (Adam) et, plus spécialement, des Israélites à qui Dieu a confié la totalité des commandements nécessaires. Cette résurrection du corps et de l'âme consiste précisément, dira Hayim Vital, « en ce que la lumière célestielle de la sainteté d'en haut descende, et que les étincelles de sainteté qui sont dans les profondeurs des coquilles montent à la rencontre de cette lumière qui descend, qu'elles s'unissent et s'épurent »[13].

Par ailleurs, les «étincelles de lumière», ou de «sainteté», sont identifiées à des âmes. Les faire sortir des coquilles dans lesquelles elles sont prisonnières, les faire remonter et permettre leur conjonction avec la Lumière d'En-Haut (à travers les canaux séphirotiques) est de la plus grande importance pour le juif pieux. En outre, c'est le fondement d'une doctrine de la « migration des âmes », dont nous disons quelques mots plus loin. C'est ainsi, encore, que l'on peut comprendre la « descente des justes dans la géhenne pour y libérer les âmes prisonnières »[14].

Il n'est pas jusqu'à la gestuelle de la prière qui ne soit interprétée en ce sens. La prosternation est considérée comme une attitude adorative délicate, voire dangereuse, pour l'âme insuffisamment

12. *Ibid.*, p. 495. La croissance exponentielle du mal et de l'ignorance dans le monde (ou disons plutôt, leur passagère emprise), s'explique très bien à l'aide de cette doctrine. Pour que le corps malade guérisse vraiment, les mauvaises humeurs doivent préalablement « remonter à la surface », avant de s'évacuer.

13. *Ibid.*, p. 502.

14. *Ibid.*, p. 512.

préparée ou trop inattentive. S'il n'est pas bien difficile de « descendre » dans les enfers, il l'est d'en ressortir !

TIQQOUN

Le « troisième stade du processus symbolique »[15] de la création (et donc aussi celui de la réalisation spirituelle du kabbaliste) est le *tiqqoun* : la « restitution », « restauration », ou « réparation ». Il opère conjointement « en Dieu », en l'Âme universelle et en l'Homme. Á travers cinq configurations principales (*partsufim*) correspondant aux dix Sephiroth, « visages » de Dieu ou de l'Adam Qadmon, se recompose l'identité intégrale de l'Homme d'avant la chute : une Forme purement spirituelle, une « grande Âme », un unique Corps, d'une seule Lumière. Depuis la révélation de la Loi (de Noé pour toute l'humanité, de la Torah pour les seuls Israélites), c'est elle qui est l'instrument de la « réparation ».

> « La tâche dévolue à l'homme est précisément de restaurer le monde de l'Asiyah (l'Acte) en son lieu purement spirituel, de le séparer entièrement du monde des écorces, en rassemblant les parcelles de sainteté et d'établir enfin une communication de chaque créature avec le divin que plus rien ne pourra interrompre. »[16]

Et c'est l'appréhension, la compréhension des commandements qui offrent à l'homme le moyen miraculeux de rapporter « les étincelles (de Lumière) tombées de la Shekinah. (Ainsi), il restitue (*tiqqoun*) sa forme spirituelle dans son achèvement originel »[17].

Il est significatif que la doctrine lourianique de la « rétraction » de Dieu et de la « réparation » du plérôme soit apparue comme un prolongement à l'expulsion des juifs d'Espagne. « L'analogie entre le *Tsimtsoum* et l'exil est évidente. »[18] Le thème même de l'« exil », et donc du « retour » (ce que le mot *tsimtsoum* signifie aussi), deviendra de plus en plus aigu dans la conscience communau-

15. Gershom Scholem, (KS), *op. cit.*, p. 132.
16. Roland Goetschel, *La Kabbale, op. cit.*, p. 116.
17. Gershom Scholem, (KS), *op. cit.*, p. 134.
18. Daniel Beresniak, *La Kabbale vivante*, La Maisnie, Paris, 1995, p. 109.

taire. Toute l'histoire – heureuse ou malheureuse – entre ainsi dans le plan divin. À l'alternance, *in divinis*, des phases de rétraction et d'émanation (la «Respiration» de Dieu), correspondent l'exil et le retour du peuple juif et des justes. À l'expulsion d'Espagne, succède une période de redéploiement du judaïsme – singulièrement de la Kabbale – en Terre sainte, nous l'avons vu. Il y a donc «nécessité» à ce que la lumière se retire, afin qu'une nouvelle «création» voit le jour. Gershom Scholem dira que, pour Louria, le *tsimtsoum* apparaît comme «une crise originelle nécessaire»[19], alors que chez son principal disciple, Hayim Vital, il apparaît plutôt comme «un acte libre d'amour».

Mais au-delà de l'identité méta-historique entre la «brisure des vases» et l'«exil» du peuple juif, se dessine déjà, dans la même perspective, l'identité entre la «réparation» et le terme prophéto-messianique de cet exil. Traduction de la réconciliation finale de Dieu avec Son peuple, autrement dit, de Dieu avec l'homme. Or, «la responsabilité d'Israël est immense, puisque c'est de son acte de réparation, de son *tikkoun*, que dépendent la fin de l'exil et la restauration de l'unité divine»[20].

Là se greffe la mystique du «Retour» à Sion, conjointement à la venue du Messie des juifs. Celui-ci achèvera, en personne, le processus de Réparation engagé par l'élite spirituelle (constituée spécialement autour d'Isaac Louria), puis, plus largement, par l'ensemble de la communauté dispersée hors d'Israël. La doctrine sioniste apparaît ainsi, dans son substrat, comme une application historique de ce même principe. Gershom Scholem estimera d'ailleurs qu'«il était nécessaire qu'Israël soit dispersé», afin de pouvoir recueillir la totalité des étincelles de lumière divine, dispersées dans le monde depuis le bris des vases.

«L'arrivée du Messie ne signifie, pour Louria, que la signature d'un document que nous écrivons nous-mêmes.»[21] Le Messie apparaît dès lors, moins comme le rédempteur personnifié attendu par les

19. Gershom Scholem, (KS), *op. cit.*, p. 129.

20. Anne Gugenheim-Wolff, *La Kabbale…*, De Vecchi, Paris, 1999, p. 95.

21. Gershom Scholem, (KS), *op. cit.*, p. 136.

Israélites et par l'humanité « noachite », que comme la figuration de nos propres actes de « réparation »... De notre libre soumission à la Loi, et de nos actes pieux.

LA TRANSMIGRATION

Ce concept (*gilgul*), qui semble être apparu vers la fin du XIIe siècle dans les milieux kabbalistiques, a été développé par l'école de Louria. Pour celui-ci, la transmigration des âmes s'opère à partir de l'Âme universelle de l'Adam Qadmon. Elle est entendue par les kabbalistes comme le devoir qui leur incombe de « rassembler les dernières parcelles de sainteté (de Lumière divine, prisonnières des écorces résiduelles) dispersées parmi les Gentils »[22].

Il existe ainsi des âmes « anciennes » (transmigrées) et des âmes « nouvelles ». Comme pour les Orientaux, la transmigration est plutôt considérée comme un châtiment, dans la mesure où « l'être dont on revêt la forme est déterminé par la nature de ses péchés » (DEJ). Les « lourianistes » comme Hayim Vital admettaient jusqu'à la « ré-incarnation » d'âmes humaines pécheresses dans des corps d'animaux.

Le mouvement hétérodoxe de Sabbataï Tsevi accorda une place importante à cette conception, pourtant absente du judaïsme ancien et, du reste, fort discutable. Il s'y attache la notion de *dibbouq*, qui définit l'agrégation à un vivant d'une entité maligne, vestiges d'un défunt, ou esprit inférieur. Divers manuels d'exorcisme furent rédigés pour s'en préserver, surtout à partir du XVIe siècle.

---

22. Roland Goetschel, *La Kabbale, op. cit.*, p. 117.

Chapitre XI

AVATARS LOURIANIQUES ET KABBALE TARDIVE

SABBATAÏ TSEVI

«La Kabbale lourianique répondit si bien aux aspirations du peuple juif qu'elle devint pratiquement, à partir de 1630, la théologie de facto du judaïsme.»[1]

C'est dire son importance! Porteuse d'une forte charge émotionnelle, de nature «messianique» (sur fond d'un antisémitisme latent en Europe centrale), elle dégénéra pourtant par certains de ses aspects, évoluant en des formes hétérodoxes qui menacèrent l'édifice traditionnel. Le personnage clef de ce mouvement, implanté rapidement aussi bien en Turquie, qu'en Pologne et en Italie, fut Sabbataï Tsevi. Il annoncera le hassidisme, «mouvement mystique et populaire», qui deviendra très influent en Pologne et en Ukraine, au XVIIIe siècle. Si, par l'inspiration, la perspective de Sabbataï Tsevi relève encore de la Kabbale, elle s'éloigne des fondements intellectuels de celle-ci, au profit de l'expérience psychologique.

Né à Smyrne, le jour commémorant la destruction des premier et second Temple (jour de deuil, bien sûr, mais auquel la tradition attribue la naissance du Messie), le «messie kabbalistique» (Gershom Scholem) fit preuve d'une grande précocité spirituelle et de capacités hors du commun qui ne manquèrent pas d'attirer l'attention. Il sera rabbin à l'âge de dix-huit ans. Très tôt, il se convainc d'un destin exceptionnel et il forme un groupe de disciples. Mais le rabbinat de Smyrne finit par s'inquiéter de l'agitation et promulgue un décret d'expulsion, pour propos «messiano hérétiques» (Gershom Scholem). Sabbataï Tsevi va alors pérégriner en Grèce, en Turquie d'Europe, à Jérusalem, au Caire, «créant partout le

1. Roland Goetschel, *La Kabbale, op. cit.*, p. 117.

scandale par ses attitudes et ses déclarations contradictoires» (DEJ). Ce qui fit pencher une partie importante des communautés en sa faveur fut l'appui inconditionnel d'un autre jeune rabbin, très brillant théologien: Nathan de Gaza (m. 1680). Non seulement celui-ci confirma la mission de Sabbataï Tsevi, mais il affirma être lui-même l'«incarnation» du prophète Élie, l'annonciateur biblique du Messie... Gershom Scholem parlera à son sujet de «Kabbale hérétique».

De retour à Smyrne (1665), Sabbataï Tsevi prononce l'abrogation des commandements, et s'autoproclame l'«Oint du Seigneur». Le jour de la Rédemption finale est fixé au 18 juin 1666... date dont la clef numérologique a le mérite d'être évidente! Les sabbatiens défendaient une doctrine de la réalisation de l'Unité, par la «complémentarité des sexes» et l'union divine à la «Femme» (la «Vierge», figure de la Shekinah), que Jacob Franck identifiera, curieusement! au véritable Messie. Elle déboucha sur des pratiques licencieuses, comme l'adultère publiquement prôné. Mais encore:

> «Elle semble avoir donné lieu à des orgies [...] ayant pour centre une jeune fille nue adorée sous différentes formes aberrantes de sexualité: orgies, dans lesquelles on a vu justement une reviviscence déformée d'anciens cultes de la Déesse, comme ceux d'Ishtar.»[2]

Quoique nous ne puissions développer ici cette question, qui n'est pas sans évoquer la «voie de la main gauche» (connue dans d'autres contextes traditionnels), disons que l'on ne doit pas confondre les pratiques immorales des sabbatiens avec la connaissance de la fonction salutaire du «mal» dans le monde. C'est à ce titre que certains hassidim ne s'associaient à un maître que dans la mesure où celui-ci manifestait un défaut caractérisé[3].

Les positions des sabbatiens (excommuniés en 1725) furent globalement dénoncées et condamnées sans appel, par le grand kab-

---

2. Julius Evola, *Métaphysique du sexe*, trad. Yvonne J. Tortat, Payot, Paris, 1976, p. 312 *sq*.

3. Charles Mopsik, (GTC), *op. cit.*, p. 524 à p. 546, a consacré un important chapitre à la question de la «théurgie transgressive».

baliste italien Moïse Hayim Luzzatto. En fait, la violation de la Loi, en connaissance de cause, serait-ce en vue d'un présupposé objectif spirituel, relève d'une démarche « magique », non « théurgique », non réparatrice. Toute transgression entraîne la désunion des pôles séphirotiques et la désorganisation de tout le plérôme divin. Il est, dès lors, pratiquement impossible d'extraire les « étincelles de sainteté » prisonnières des coquilles rejetées à l'extérieur du plérôme. Encore une fois, si l'imperfection est « nécessaire », Dieu ne saurait pour autant vouloir le mal, ni vouloir que les hommes agissent mal !

Des groupes sectaires, pouvant aller jusqu'à adhérer formellement (hypocritement ?) à l'islâm, farouchement combattus de toutes parts, ont perduré en Turquie jusqu'à une époque récente. Au nombre des kabbalistes authentiques, quoique relevant d'une filiation sabbatienne, on citera Élie Cohen Ittamari, de Smyrne (m. 1729).

LE BAAL CHEM TOV

Le « Becht », d'origine polonaise (1700-1760), entraîna un immense mouvement « populaire », le hassidisme, dont la filiation avec la Kabbale est évidente sous certains rapports, mais qui, néanmoins, transfère la quête initiatique de l'Absolu sur le terrain instable de la psychologie morale. Gershom Scholem observe que la condamnation d'Israël ben Éliezer, le Baal Chem Tov, le Maître du Bon Nom, pour ses enseignements sur la « communion » avec Dieu (*dévéqout*), estimée par lui plus essentielle que la Torah elle-même, n'est pas foncièrement fondée. Deux siècles plus tôt, Louria et l'école de Safed ne suscitèrent aucune réaction sur le même sujet. Ce n'est donc pas la doctrine qui est en cause, mais sa large divulgation dans un contexte socio-historique très différent. Cette remarque vaut, du reste, pour toutes les traditions mystiques ou ésotériques, autorisées lorsqu'elles ne menacent pas l'édifice institutionnel, aussi longtemps qu'elles ne s'adressent qu'à des entendements aptes à les recevoir et à ne pas les mal interpréter ; donc très minoritaires.

« La Kabbale s'impose comme l'aristocratie de l'hébraïsme, tandis que le hassidisme s'adresse aux masses juives souvent déshéritées de l'Europe orientale. »[4]

Outre la continuation des thèmes chers à l'école de Louria, les hassidim s'attacheront à la notion de *kavvana*, l'« intention » spirituelle, « la concentration de l'esprit qui doit présider à l'*unio mystica*, par cette « adhésion » à Dieu qu'est la *dévéqout* hébraïque »[5].

Les successeurs du Becht, furent : Dov Baer de Mezeritch (m. 1772), dit le Grand Maggid, Yakov Joseph de Polnoye, Chnéour Zalman de Liady (m. 1813) qui mettra sur pied le mouvement populaire HaBaD (mot formé des initiales des Sephirot supérieures : « D » pour Daath, la Connaissance, résultante de Hokmah et Binah), son fils, Dov Baer de Loubavitch (m. 1827), et son petit-fils, Menahem Mendel.

DE LA FIN DU XVIe SIÈCLE AU XVIIIe SIÈCLE

Les autres autorités de la Kabbale à cette époque furent : Juda Loew ben Betsalel, connu comme le Maharal de Prague (m. 1609), auteur du *Puits de l'Exil* et directement associé à l'étrange thème « folklorique » du Golem, très populaire aux XIXe et XXe siècles. Sabbataï Cheftel Horovitz, lui aussi Praguois. Auteur de *L'Abondance de la Rosée*, il cherchera à accorder le *Zohar* et le *Guide des Égarés* de Maïmonide. Isaïe Horovitz (m. 1630), originaire d'Europe centrale, chef de la communauté ashkenaze, écrira les *Deux Tables de l'Alliance*. Les Italiens Joseph Ergas (*Le Gardien des Fidèles)*, et Avied Sar Shalom Basilea (*La Foi des Sages*). Abraham Azoulay d'Hébron (m. 1643), etc.

Pour le XVIIIe siècle, plusieurs grandes figures se détachent. Moïse Hayim Luzzatto naquit à Padoue et mourut en Terre sainte, en 1746, dans la force de l'âge. À quatorze ans, il fondait un cercle kabbalistique, se proposant rien moins que l'étude du Zohar !

---

4. Adolph D. Grad, Revue *Connaissance des Religions,* n°VI/I, juin 1990, p. 58.

5. *Ibid.,* p. 54.

Trois ans plus tard, il composait un traité de rhétorique. Poète, liturge et savant réputé, il disait tenir directement ses connaissances de personnages bibliques. Mis à l'écart par les autorités religieuses de son pays, il écrivit, à Amsterdam, *La Voie des hommes droits*, ainsi qu'une interprétation de la Kabbale de Louria: *Les Cent trente-huit Portes de la Sagesse. Le Philosophe et le Kabbaliste* se présente comme un dialogue visant à faire reconnaître à celui-là, la légitimité de la science professée par celui-ci. Luzzatto gagnera Safed en 1743, et mourra à Acre.

Éliyah ben Salomon Zalman, le Gaon de Vilna (m. 1797), ne fut pas d'une moindre précocité que celui qu'il considérait comme son propre maître. À treize ans, il connaissait les fondements du Talmud et de la Kabbale! Il mena une vie plutôt recluse, austère et scrupuleuse, allant jusqu'à consigner dans son journal la moindre minute «perdue»... c'est-à-dire non consacrée à l'étude de la Torah. À l'âge de quarante ans, il avait rédigé toute son œuvre, et rassemblé une petite élite de disciples érudits. Il s'opposa avec vigueur au hassidisme qui faisait tache d'huile en Pologne et en Lituanie, en en dénonçant le caractère populiste. Hayim de Volozhyn, auteur du *Puits de l'Exil*, fut un de ses principaux disciples.

À la fin du XVIIIe siècle, la Kabbale authentique ne dut sa survie qu'à quelques noyaux isolés. On connaît les centres d'études de Brody, en Pologne, et de Bet-El, à Jérusalem, qui fut fondé par Shalom Sharabi. Dépréciée par le mouvement progressiste de la Haskala (les «Lumières») qui l'associa, dans un même rejet, au hassidisme, la Kabbale entrera en sommeil, jusqu'à ce que Gershom Scholem, Martin Buber et quelques autres affirment en elle «une expression vitale de l'existence juive»[6], et réveillent l'intérêt des juifs (mais aussi de bien des non juifs!) pour leur ésotérisme.

Il reste à voir l'impact, non négligeable, de la tradition secrète issue du Sinaï, sur une partie de l'élite chrétienne, à l'époque même du renouveau de Safed.

---

6. Roland Goetschel, *La Kabbale, op. cit.*, p. 120.

Le « Bouclier de David », une image de l'Homme total.

Ce symbole de la fonction royale est susceptible de multiples applications, notamment, dans le rapport qu'il établit entre les dix Séphiroth et les principaux organes du corps humain, « Temple de l'Esprit saint ».

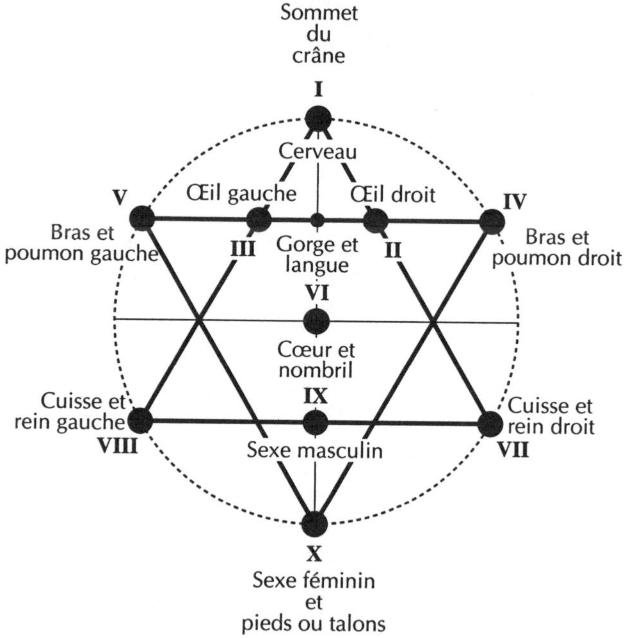

CHAPITRE XII

KABBALISME CHRÉTIEN

PROBLÉMATIQUE

La notion de « Kabbale chrétienne » présente d'emblée quelque chose d'équivoque. S'agit-il d'une sorte d'hybride judéo-chrétien ? Ce vocable suggère-t-il une forme d'« annexion », préjugeant une supériorité intrinsèque du christianisme sur le judaïsme ? Ou autre chose encore ? La Kabbale étant, une fois pour toutes, l'« ésotérisme juif », comment peut-elle être conjointe à une autre tradition qu'à celle de Moïse et du Sinaï ? Il est vrai que la voie de réalisation qu'offre la Kabbale peut, en principe, être envisagée par ceux qui, non juifs, suivent scrupuleusement les *sept commandements noachites*, à défaut des 613 commandements du judaïsme. Il faut alors, à celui qui s'engage dans cette voie, « surmonter maints préjugés et dépasser les particularités confessionnelles »[1], ce qui ne va pas forcément de soi, et ne peut concerner, à l'évidence, qu'une très infime minorité. Nous ne savons pas si la plupart des « kabbalistes » de confession chrétienne le furent « vraiment »... c'est-à-dire, au point de vue « noachite » où on peut l'être. Nous préférons en tous cas parler de « kabbalisme » lorsque la haute science est pratiquée par des chrétiens, catholiques ou protestants (y eut-il jamais des « kabbalistes orthodoxes » ?) qui étudient la Kabbale, sans préjuger, évidemment, du profit spirituel retiré.

Autre point délicat. N'est-il pas curieux que des auteurs qualifiés, traitant de l'historique de la Kabbale, passent sous silence le fait que bien avant l'Expulsion des juifs d'Espagne, la chrétienté avait des connaissances en la matière[2]. Cela tient peut-être au fait qu'elles

1. Pierre-Marie Savaignac, *Qabale et Maçonnerie*, La Maisnie, Paris, 1999, p. 19.

2. Par exemple : « C'est avec Pic de la Mirandole [...] que la Kabbale chrétienne est née » (Henri Sérouya, *La Kabbale*, P.U.F. – Que Sais-je?, Paris, 1967, p. 126).

furent transmises par des *convertis*, ce que beaucoup de juifs, non moins que de chrétiens – pour des raisons opposées –, ont du mal à admettre. C'est pourtant ainsi, comme le montrent les travaux remarquables de François Secret (sans lesquels notre connaissance de la « Kabbale chrétienne » serait presque nulle), même si on doit bien à Pic de la Mirandole d'avoir fait entrer, par la grande porte de ses *Conclusions cabbalistiques*, la Kabbale des juifs dans l'univers intellectuel et l'imaginaire des chrétiens de la Renaissance. Dès le XIIe siècle, des bribes d'enseignement de cette nature furent transmis par des érudits espagnols, juifs *conversos*, alors que les baptêmes forcés n'étaient pas encore de mode.

Ainsi Abner de Burgos, connu sous le nom de son parrain chrétien, Alphonse, futur chanoine de Valladolid, auteur des *Combats du Seigneur*. Autre converti, à la même époque, Moïse Sefardi (Maître Pierre Alfonsi), connu pour une glose sur le Tétragramme. Pour le XIIIe siècle, on nommera le dominicain Raymond Martin (m. 1287). Dans son *Poignard de la Foi*, très répandu jusqu'au XVIIe siècle, il se livre à de savantes conjectures sur une interprétation chrétienne des Noms divins. Thème repris par son disciple, le médecin Arnaud de Villeneuve (m. 1311).

La science juive des nombres et des lettres commence à attirer la curiosité des lettrés chrétiens, spécialement avec le *Jardin des Noyers* (*GiNaT Egoz*), dont les trois lettres consonnes désignent allusivement les procédés d'exégèse auxquels recourait Abraham Aboulafia (m. 1291) : *Gematria*, *Notariakon* et *Temourah*.

Bien avant Pic de la Mirandole, donc, certains chrétiens cherchaient à assimiler l'ésotérisme juif, en lequel ils voyaient, avant tout, de nouvelles clefs pour étayer la doctrine de la divinité de Jésus, Christ et Messie, et celle des trois Personnes... Mais aussi, le moyen d'affaiblir l'autorité des talmudistes, généralement hostiles à la Kabbable, et de préparer la conversion *définitive* des juifs au christianisme.

Par-delà l'effondrement du Moyen Âge et le glissement suicidaire de la Renaissance du XVIe siècle vers un naturalisme crypto-païen (annonciateur des pseudo-« Lumières » de la raison), cette rencontre fut, en tous cas, providentielle pour l'Occident. Elle fut favorisée et approfondie, dans un contexte d'intense bouillonnement intellectuel, avec l'introduction et la traduction d'écrits «orientaux», les études comparatives, hébraïques et arabes, la redécouverte d'une philosophie dégagée de l'aristotélisme scolastique (qui donna, tout de même! sa cohésion à la pensée médiévale), la fondation des «Collèges trilingues», la mise en œuvre de Bibles polyglottes... Tout cela évita certaines impasses théologiques, culturelles et politiques, alors même que l'incendie sinistre des «guerres de Religion» rougeoyait l'horizon, menaçant l'Occident chrétien d'un éclatement mortel.

> «La Renaissance, qui hérite de l'apologétique médiévale, produit une pléiade d'hébraïsants, qui se doublent, souvent déjà, d'arabisants [...] À côté des grandes réalisations de l'érudition juive, s'élèvent les monuments de l'érudition hébraïque, auxquels collaborent Juifs et Chrétiens [...] Au centre de cette renaissance de la langue sainte, et la commandant: la Bible.»[3]

C'est donc l'écorce de la Torah des juifs qui cache peut-être le noyau de la Vérité, avec la solution aux maux dont souffre la chrétienté, et même toute l'humanité, dont on sonde alors l'étendue et la diversité. C'est ce que les savants chrétiens, épris de Kabbale juive, comprirent, et c'est à quoi ils appliquèrent leurs recherches. Dans cette optique, l'«os exotérique» du judaïsme talmudique – représenté par un rabbinat préjugé ignare – n'a plus de raison d'être depuis la venue du Christ et la révélation de la Nouvelle Alliance, avec la promesse d'une proche rédemption, non pour le seul «Peuple élu», mais pour toute l'humanité «christianisée». Il reste donc la «moelle ésotérique» de la Torah, destinée à parachever la construction et la compréhension de la doctrine du Christ, nouvel Adam et Messie, pour préparer l'humanité à la Religion universelle du Dieu «Un en Trois». Cette démarche mentale des kabbalistes chrétiens – dont la sincérité spirituelle ne saurait, bien sûr, être douteuse – se poursuivra

3. François Secret, (KCR), *op. cit.*, p. 360.

jusqu'à la fin du XVIIIe siècle, avec la *Cabbala denudata* du baron Knorr von Rosenroth.

Au gré des circonstances et de la personnalité des papes, l'attitude de Rome oscilla entre une franche sympathie (un des grands soutiens du kabbalisme chrétien fut le cardinal Gilles de Viterbe)[4], la curiosité intéressée... et les inscriptions à l'Index. Une interprétation unilatérale de la Kabbale, forcément tendancieuse, servit, le plus souvent, il faut le dire, à alimenter l'apologétique anti-talmudique, par conséquent l'anti-judaïsme. L'étude de la Kabbale par des savants chrétiens fut tolérée, voire encouragée par l'autorité, dans la mesure où elle faisait ressortir la trahison des rabbins talmudistes, quant au sens véritable de l'annonce prophétique faite par Dieu à Moïse sur le Sinaï. Bref, en tant que preuve que l'Ancienne Loi annonçait la Nouvelle, et Moïse et les prophètes, Jésus-Christ. Cette démarche fut, à n'en pas douter, le moteur principal des recherches para-kabbalistiques d'une époque qui vit fleurir les *Adversus Judaeos*, les «disputations» publiques, les autodafés du Talmud, et où se multipliaient les vexations discriminatoires. Les juifs convertis ne se montrant d'ailleurs pas les moins zélés, qui jetèrent aux flammes des exemplaires du *Zohar*, édité à Crémone... par d'autres juifs convertis!

La confusion règne... Par exemple, dans la *Censure* du dominicain Fernand adressée à l'inquisiteur Torquemada, on lit:

«La loi orale que les juifs appellent Talmud ou Kabbale.»

On voit fleurir les «traités», «lettres» et autres «victoires» apologétiques contre les *Juifs perfides*. Au mieux, la Kabbale est souvent réduite aux jeux de lettres et de nombres d'une pseudo arithmosophie, objet de curiosité, ou de moquerie, plus inutile que vraiment nuisible. L'Église, consciente de certaines contradictions, s'efforça alors de distinguer entre une «bonne» et une «mau-

4. Même s'il fut le seul homme d'Église d'un tel rang, plusieurs membres du moyen clergé se montrèrent concernés par la Kabbale, comme le moine franciscain Nicolas de la Lyre (m. 1340), ou le fameux savant jésuite Athanase Kircher, contemporain de Pascal.

vaise» Kabbale. Entre les textes qui pouvaient confirmer la doctrine chrétienne, et les autres… bons pour le feu.

Un point principal de la polémique tourna autour de la question du Nom de Dieu, les chrétiens lisant dans le Tétragramme YHVH, le Nom de Jésus. La perte de la prononciation du Tétragramme est interprétée comme preuve flagrante de l'invalidité du judaïsme. Les gloses sur ce sujet furent innombrables, aussi bien encouragées par Rome que dénoncées par les talmudistes qui voyaient là une inacceptable ingérence dans leur foi. Le dialogue multiconfessionnel du *De Arte cabalistica*, de l'Allemand Reuchlin, se conclut, classiquement, à l'avantage du point de vue chrétien :

> «Le seul nom qui puisse opérer des miracles est le Nom de Jésus, présenté comme le pentagrammate YHSWH, qui a enfin rendu prononçable le nom ineffable YHVH.»[5]

La Kabbale fut ainsi largement envisagée comme la «science des vrais noms» divins et de la «Trinité», symbolisée par les trois Sephiroth supérieures. D'une façon générale, comme confirmant les «secrets de notre sainte foi», suivant la *Lettre aux Juifs de Rome* (1526) d'Alphonse de Zamora.

D'autres théologiens, au contraire, s'acharneront à condamner la Kabbale et à dénoncer les chrétiens qui s'en préoccupent, considérant leurs propositions comme douteuses, voire blasphématoires. Il est vrai qu'un certain kabbalisme tardif ne sera pas exempt d'ambiguïtés… Dès la fin du XVIe siècle, on observe le retour en force de la païenne sorcellerie et des rites magiques, et bien des amalgames fâcheux seront faits, aux dépens de la quête du sens de la Bible que constitue la véritable exégèse kabbalistique. Ainsi, Miguel de Medina (m. 1580), participant au concile de Trente :

---

5. Johann Reuchlin, *La Kabbale*, trad. François Secret, Archè, Milano, 1995, p. 8. L'introduction de la consonne médiane *sin* ou *shin* (valeur 300), «lettre chiffre» de Jésus, correspond au passage du Quaternaire au Quinaire, ou de la Puissance à l'Acte. De sorte que ce qui était en puissance dans l'Ancienne Loi devient en acte avec Jésus-Christ. Par le recours au *notariakon*, la lettre *sin* signifie l'«onction» (suivant Reuchlin).

« Quel immense farrago (mélange) des plus ineptes mensonges inventés par des vagabonds et des oisifs pour étonner le peuple stupide [...] En voilà assez de la sottise cabalistique. »[6]

Francis Bacon (m. 1626), l'illustre chancelier d'Angleterre, ne se montrera pas mieux éclairé :

« Ce genre d'hommes n'obtient pas ce qu'il recherche, et ils ne font pas honneur à l'Écriture, qu'ils rabaissent et polluent [...] Ce n'est que chercher les vivants parmi les morts [...] et les morts chez les vivants. »[7]

On pourrait multiplier les exemples.

JUSQU'À L'AUBE DU XVIe SIÈCLE

À l'époque où Cosme de Médicis fonda l'Académie platonicienne de Florence, confiant sa direction au théologien Marsile Ficin (mort avec le XVe siècle) qui traduira Platon, Plotin, Denys et les écrits gnostiques du *Corpus hermeticorum*, plusieurs kabbalistes, juifs convertis, s'imposent en Italie, alors même que les expulsés d'Espagne affluent par milliers.

D'abord Guillaume de Sicile (Flavius Mithridates), l'un des maîtres de Pic de la Mirandole, professeur de théologie à Rome, jusqu'en 1483, protégé du cardinal de Melfi. Réputé « très savant dans toutes les langues », il est aussi philosophe et poète. Il enseignera ensuite à Tübingen, comptant Jean Reuchlin au nombre de ses élèves.

Paul de Heredia, d'origine espagnole, converti sur le tard au christianisme, mourut dans la misère. François Secret lui accorde un rôle majeur dans la constitution du kabbalisme chrétien. On lui connaît deux ouvrages, dont l'*Épître des Secrets* (1486 ?), peut-être simple traduction annotée d'un ancien texte hébreu, intégré ultérieurement dans le célèbre *De arcanis catholicæ veritatis* (1518) du franciscain Pierre Galatin (m. 1540).

---

6. Cité par François Secret, (KCR), *op. cit.*, p. 221.

7. *Ibid.*, p. 234.

León l'Hébreu, fils aîné d'Isaac Abarbanel, né à Lisbonne vers 1470, fixé en Italie l'année de l'Expulsion (1492), auteur des *Dialogues d'Amour* (1502). Enfin, Ludovic Lazarelli (m. 1500), chrétien de souche, disciple de l'énigmatique Giovanni Mercurio, auteur du *Crator hermetis* qui mêle Kabbale, hermétisme et alchimie.

Mais c'est au nom illustre du comte Jean Pic de la Mirandole (m. 1494) que le kabbalisme chrétien reste d'abord attaché, au point qu'on lui a longtemps attribué la paternité de l'introduction du mot « kabbale ». Reuchlin lui-même accrédita cette opinion.

PIC DE LA MIRANDOLE

Natif de Modène, il fut particulièrement précoce... On dit qu'à l'âge de dix ans, il fut nommé protocolaire apostolique, par le pape Sixte IV, et admis comme « prince des poètes et des orateurs » ! À quatorze ans, il étudia à l'université de Bologne ; deux ans plus tard, il est réputé comme spécialiste du droit canon. Nullement satisfait, il voyagera pendant sept années, suivant les cours de lettres, de langues et de philosophie dans différentes universités italiennes et françaises. À l'âge de vingt et un ans, il se liera d'amitiés avec Marsile Ficin, Laurent de Médicis (le Magnifique), et Ange Politien, dans le cadre de l'Académie florentine. L'année suivante, il sera reçu par le roi de France, Charles VIII. Maîtrisant notamment le latin, le grec, l'arabe, l'hébreu, l'araméen, assimilant tous les écrits kabbalistiques disponibles, il rédigera neuf cents thèses fameuses sur la connaissance. Sa vie fut aussi brève que brillante. Il meurt, rongé par une « fièvre maligne », à l'âge de trente et un an.

Pic de la Mirandole voyait classiquement dans la Kabbale l'éclatante confirmation de la doctrine chrétienne :

> « J'y ai trouvé moins la religion de Moïse que la chrétienne : là, le mystère de la Trinité, là, l'incarnation du Verbe, là encore, la divinité du Messie [...] J'y ai lu (ce) que nous lisons tous les jours chez Paul et Denys, chez Jérôme et Augustin. »[8]

8. *Ibid.*, p. 33.

Quant aux origines de la Kabbale, il dit adopter le point de vue des « sages Hébreux », contre celui des talmudistes abhorrés :

> « Dieu donna sur la Montagne, à Moïse, outre la Loi remise par écrit dans le Pentateuque, [sa] véritable explication, avec la manifestation de tous les mystères qui sont contenus sous l'écorce grossière des mots. »

Cette « explication », Moïse reçut l'ordre « de la confier aux seuls sages, au nombre de soixante-dix (Sanhédrin) [...] C'est la manière de transmettre cette science [...] en la recevant d'un maître, qui lui a fait donner le nom de kabbale, qui signifie réception »[9].

Dans ses neuf cents *Conclusions philosophiques, kabbalistiques et théologiques*, il tente d'exposer les mystères de la langue hébraïque, ceux des Sephiroth, des « Trente-deux voies » et des « Cinquante portes ». Développant d'importantes considérations arithmosophiques, il prévoit (après d'autres, et avant bien d'autres !) la date de la « consommation du Siècle »... autour de l'an 2000. Il traite de cosmologie, de psychologie, des Noms divins. Treize de ses thèses, jugées hérétiques par Rome, l'amèneront à répliquer par une *Apologie*. Une bulle pontificale le condamnera alors à l'exil en France, puis en Allemagne, avant qu'il ne soit absous, quelques mois avant sa mort survenue à la veille de ce que l'on peut appeler le « siècle d'or » du kabbalisme chrétien[10]. Le XVIe siècle s'ouvre, en effet, avec l'Allemand Reuchlin qui, rencontrant Pic de la Mirandole dans le milieu humaniste de Florence, le jugera « le plus cultivé et savant de tous nos contemporains ».

---

9. *Ibid.*, p. 2.

10. Très chrétiennement, Pic de la Mirandole consacra la dernière année de sa vie aux œuvres dévotes, léguant tous ses biens aux pauvres, reniant, de surcroît, les aspects de ses ouvrages controversés par la curie romaine.

CHAPITRE XIII

LE SIÈCLE D'OR ET SES PROLONGEMENTS

« Comprends dans la Sagesse et sache dans l'Intelligence. »

(Jean Reuchlin.) [1]

JEAN REUCHLIN (1455-1522)

Du Verbe merveilleux, publié en 1494, fit distinguer l'Allemand Reuchlin, natif de Pforzheim, en Bade-Wurtemberg. La Kabbale y est d'emblée envisagée, non comme œuvre humaine, mais comme la « tradition divine, dont les maîtres furent Abraham (le Patriarche), Simon bar Yohaï (le *tanna* à qui est attribué la paternité spirituelle du Zohar), et Abraham (Aboulafia) » [2]. Reuchlin considère attentivement les Noms Attributs de Dieu. Il établit des correspondances savantes entre la Décade séphirotique, la Tétraktys pythagoricienne, et le Tétragramme YHVH, ce qui le conduit, à son tour, au Nom de Jésus, envisagé comme pentagrammate : YH« S »VH.

À juste titre, Reuchlin soutient qu'il n'est pas possible d'expliquer intégralement la Torah, sans connaître les arcanes de la langue sacrée dans laquelle Dieu l'a révélée :

> « La voix fut médiatrice entre les hommes et Dieu [...] mais pas n'importe laquelle ; c'est par la langue hébraïque que Dieu voulut faire connaître ses secrets aux mortels [...] Il y a, en

1. Johann Reuchlin, *La Kabbale*, trad. François Secret, Archè, Milano, 1995, p. 57. La « Sagesse » (= Hokmah) et l'« Intelligence » (= Binah) sont les « Bras », ou les « Yeux », de la Divinité.

2. *Ibid.*, p. 45.

> écartant l'écorce (du mot), une moelle profonde, préparée pour les contemplatifs qui ont étudié cette langue.»[3]

Le fameux *De Arte cabalistica*, dédié au pape Léon X (fils de Laurent le Magnifique), parut près d'un quart de siècle plus tard, en 1517. Les références aux sources juives y sont bien plus fournies, grâce, notamment, à l'avancée des travaux du savant polyglotte, juif converti, Paul Ricius. Dans la bibliographie qu'il dresse des manuscrits kabbalistiques, il place au-dessus des autres, le *Ginat Egoz*, (*Jardin des Noyers*) de «Rabbi Joseph Abraham de Castille, citoyen de Salamanque» (= Abraham Aboulafia), qui traita, en trois volumes, des «noms», des «lettres» et des «points» (consonantiques).

De Arte cabalistica, «la Bible de la Kabbale chrétienne» (François Secret), sera construit comme le *De Verbe mirifico*, qu'il développe et approfondit, sur un jeu de dialogues entre un pythagoricien, un musulman, et «le juif Simon, expert en Kabbale». Venus par trois routes différentes, ils se trouveront, un soir, à converser courtoisement dans une auberge de Francfort. Il en ressort que le but bien compris de la Kabbale est, ni plus, ni moins, la déification de l'homme:

> «Comme Dieu dans le monde, l'esprit dans l'homme porte le diadème de la Royauté (= Kether) parmi les Sephiroth.»[4]

L'homme est virtuellement établi au sommet de la création. Mais la réalisation de Dieu est une longue ascèse, au cours de laquelle «il faut suivre la tradition des saints... (Son) commencement est dans la révélation du Tétragramme à Adam, après la chute, par l'ange Raziel»[5]. Comme Raziel instruisit Adam, Zadqiel le fit pour Abraham, Raphaël pour Isaac, Peliel pour Jacob, et Metatron (l'Archange suprême, l'Esprit saint, parèdre de la Shekinah) pour Moïse. Et c'est par l'intermédiaire des soixante-dix Anciens d'Israël et de leurs saints successeurs kabbalistes, que

---

3. *Ibid.*, p. 47.
4. *Ibid.*, p. 58.
5. *Ibid.*, p. 58.

Pic de la Mirandole reçut pour mission de communiquer, au grand jour, le dépôt sacré à la chrétienté, dans la perspective d'une prochaine et salutaire restauration du genre humain.

Reuchlin développa des considérations sur les «cinquante portes de l'intelligence» et leur rapport au shabbat spirituel:

> «Toutes, moins une, furent ouvertes à Moïse, (c'est-à-dire) tout ce qui est compris dans la Loi (par ses différents sens).»[6]

Suivent de savantes réflexions arithmosophiques sur le dénaire (des Sephiroth), qui désigne la totalité de l'univers, sur le quinaire, le «premier nombre sphérique», et leur produit: les cinquante «Portes», l'«Âme du Jubilé», le «Shabbat des kabbalistes». «Moïse s'est élevé jusqu'à la quarante-neuvième porte, car il est dit:

> «Tu ne pourras voir la Face [de Dieu]»

Et, après lui, Josué n'en connut que quarante-huit [...] La cinquantième porte (= l'En Sof, racine principielle de l'Arbre séphirotique) n'est ouverte qu'au Messie, Lumière de Dieu et des peuples.» En ajoutant aux cinquante portes, les vingt-deux lettres de l'alphabet sacré (par lesquelles le monde a été énoncé), «on obtient les noms des 72 anges et les 72 Noms de Dieu»[7].

KABBALISTES ITALIENS, ALLEMANDS, FRANÇAIS

Cardinal Gilles de Viterbe (m. 1532). Ermite augustinien, il devint général de l'Ordre avant d'être fait cardinal, en 1517. Grand prédicateur, il aura le privilège de prononcer le sermon d'ouverture au concile du Latran.

> «Versé dans la philosophie d'Aristote qu'il critique, Platon et les platoniciens qu'il étudie, il a reconnu la nécessité des langues orientales pour l'étude de la Bible, et la lutte contre les Turcs. Il étudie l'hébreu, l'araméen, l'arabe.»[8]

---

6. *Ibid.*, p. 47.
7. *Ibid.*, p. 58.
8. *Ibid.*, p. 58.

Il protégera un érudit grammairien juif, Élyah Levita, traducteur et copiste de traités kabbalistiques pour la somptueuse bibliothèque du cardinal.

Dans les livres de la Kabbale «sont les secrets de la Loi et des Prophètes que l'on reçoit de bouche à oreille depuis Moïse, notre maître, la paix soit sur lui»[9]. Gilles de Viterbe se mit en quête de tout ouvrage disponible sur le sujet, jusqu'au Proche Orient. Outre ses propres traductions, il écrivit quelques traités, dont un *Libellus* des lettres hébraïques, composé d'après le *Sefer ha-Temunah.*

> «Dieu s'est révélé à Moïse [...] par le Nom Tétragramme, et d'autres que l'on ne peut comprendre que par les dix Nombres que les Araméens et les Juifs appellent numérations ou mesures, et Platon les idées. Il y en a trois en Dieu (La Trinité des Sephiroth supérieures) et sept qui constituent le monde moyen (= le plérôme des mondes de la création, de la formation et de l'action).»[10]

Dans la *Scechina* (la Shekinah) dédiée à Clément VII, mais qui s'adresse spécialement à Charles-Quint «pour lui révéler les secrets de la Kabbale», il traite successivement des nombres, des lettres et des noms divins. Le cardinal s'attache à montrer que l'histoire même de l'Église ne peut être vraiment comprise sans recourir à l'ésotérisme, que ni la philosophie naturelle d'Aristote, ni les sciences ordinaires, ne peuvent donner les clefs de la révélation et de l'Écriture.

Augustin Giustiniani (m. 1536). Auteur renommé d'un *Psautier* édité à 2500 exemplaires, chiffre très important pour l'époque. Connu au-delà même du monde chrétien, il tint une grande place dans le développement des études hébraïques et arabes. Pour la première fois, des extraits du *Zohar* sont traduits en latin. Il projettera une Bible polyglotte.

Pierre Galatin (m. 1540). Franciscain, docteur en philosophie et en théologie. Son *De arcanis*, très répandu à la Renaissance, participa à l'apologétique anti-talmudiste en vogue chez les lettrés.

---

9. *Ibid.*, p. 108 *sq.*

10. *Ibid.*, p. 112.

Paul Ricius, ou l'Israélite (m. 1541). Converti au christianisme, il professa la philosophie à Pavie, où il connut Érasme. Quelques années plus tard, on le retrouve à Augsbourg, médecin de l'empereur Maximilien. Il y fréquentera Albert Dürer. Avec les *Portes de Lumière* et le traité sur l'*Âme du Ciel*, d'inspiration aristotélicienne, *De l'Agriculture céleste* reste son œuvre majeure. Ricius s'y recommande de l'angélologie de Denys l'Aréopagite (jugé pseudo-épigraphe par l'Église romaine). Elle sera inscrite à l'Index.

On lui connaît soixante-six *Théorèmes*, réduits finalement à cinquante, et révisés. Le degré suprême de la Kabbale est la contemplation de Dieu. « Il faut faire abstraction des objets des sens, entraîner ceux-ci, élever le corps. » Pour y parvenir, le kabbaliste s'adressera aux anges qui correspondent aux Sephiroth qu'il doit réaliser. Car les anges sont eux-mêmes « les canaux par lesquels la Divinité coule et se communique à nous. Si on ne porte la bouche à ces canaux (c'est-à-dire, si l'on n'invoque pas Dieu par les anges préposés à Ses Aspects), l'eau (de la Grâce divine) se répandra au-dehors, et se perdra dans les abîmes (de la matière opaque). Il faut donc s'unir à eux d'une manière intime (spirituellement et de façon permanente) »[11].

François-Georges de Venise (m. 1540). La Sérénissime République « joua un grand rôle dans la diffusion de la Kabbale chrétienne. C'est, en effet, la ville des grands éditeurs de littérature hébraïque »[12]. La traduction du *Zohar* par Guillaume Postel y sera éditée, comme le *De auditu Cabbalistica*, faussement attribué à Raymond Lulle[13]. Le Père Francisco Giorgi est l'auteur d'une *Harmonie du Monde* et des *Problemata*, divisés en six parties de cinq cents questions chacune, à la croisée de la philosophie grecque, de l'école dionysienne et de la Kabbale juive. Ces œuvres, qui citent même Zoroastre, sont parmi les plus importantes du kabbalisme chrétien. Elles n'en furent pas moins, elles aussi, inscrites à l'Index.

11. *Ibid.*, p. 92 *sq.*

12. *Ibid.*, p. 126.

13. Le *Doctor illuminatus* (1232-1316) considéra la science des lettres, dans son *Ars Magna*.

Nul n'ignore aujourd'hui, pour la France, le nom de Guillaume Postel, familier de François Ier et de plusieurs cours européennes. Mais la liste est longue des hébraïsants français, kabbalistes ou non, encore trop méconnus comme François Vatable, maître de Postel, le franciscain Jean Thénaud, originaire d'Angoulême, qui exposera en vers, au roi François Ier, la *Sainte et très chrétienne Kabbale* (1519), ou encore le Lyonnais Symphorien Champier (m. 1539), médecin de Charles VIII et de Louis XII. Paul Paradis, converti vénitien, vécut à Paris. Il dédia à Marguerite de Navarre son dialogue intitulé: *De la manière de lire l'hébreu* (1534).

Outre Reuchlin et Widmanstetter, l'Allemagne du XVIe siècle compta, pour sa part, plusieurs personnalités de premier plan, érudits hébraïsants et kabbalistes, sans toujours que la distinction entre ces deux catégories soit bien marquée: le franciscain Conrad Pellican (m. 1556), son élève Sébastien Munster (m. 1552), W.F. Capito (m. 1541) originaire de Haguenau, Paul Fagius (m. 1550), etc. À cette époque, la Kabbale passa dans le milieu de la Réforme, où, là aussi, elle comptera «autant d'adversaires que de sympathisants» (François Secret).

GUILLAUME POSTEL (1510-1581)

Quoique d'origine très humble, cet autodidacte montra une précocité exceptionnelle et fut doué d'une culture encyclopédique. Maître d'école à l'âge de treize ans! Étudiant en grec, hébreu et arabe, en médecine et botanique, maître ès arts à vingt ans. François Ier le nommera «lecteur royal» en mathématiques et «langues pérégrines» au Collège trilingue de Paris, le futur Collège de France. Il est l'auteur de la première grammaire arabe, le traducteur et commentateur du *Zohar*, du *Bahir*, du *Yetsirah* et d'un *Alphabet des douze langues*. Dans son *Panthenasia*, il associera, hardiment! la Bible, le Coran et Platon.

Un des premiers à rejoindre la Compagnie de Jésus (ordonné prêtre à Rome), il en est exclu pour les opinions «millénaristes» qu'il professe publiquement, annonçant la venue prochaine d'un monarque universel. Il tombe aussi en disgrâce à la Cour, et quitte la France pour Venise où il rencontrera l'étrange « Mère Jeanne », illettrée qui vaticine sur la venue du « Pape angélique », thème récurrent à l'époque. Alors que Postel entreprend la traduction du *Zohar*, la « prophétesse » lui en enseigne (?) les secrets. Il publie *De orbis terræ concordia* (1543), l'année même où Copernic écrit sa *Révolution des orbes célestes.*

Guillaume Postel se voua à un labeur acharné de traductions et de commentaires sur l'Écriture. Il publiera, en hébreu et en latin, son fameux *Candelabrum* (1548). Le Christ, Lumière du monde, y est figuré par « la figure du candélabre et des lumières posées sur lui [...]. »

> « Le candélabre est la figure du Corps du Christ, lequel a, comme un arbre, sept rameaux, ou six avec le tronc, et quatre racines... les quatre pieds du candélabre ». Suivent des considérations sur les sept planètes, les quatre éléments, les dix intelligences motrices des cieux (en rapport avec les Noms divins), sur le Tétragramme (YHVH), spécialement sur le *He* final, lettre qui « montre notre nature... réunie au Christ et à la Divinité, afin que nous soyons un en Christ, comme il est un avec le Père. »[14]

Son grand projet reste une Bible polyglotte. À cette fin, il se rendra à Jérusalem pour s'y procurer manuscrits arabes et syriaques. De retour en France, il commencera à manifester de sérieux troubles psycho-physiologiques. Il prétend n'avoir nul besoin de manger ou de boire, et que les poisons n'ont aucun effet sur lui. Il expose de nouvelles vues sur la mission de la monarchie française... tout en s'identifiant à Élie, ce qui le contraint rapidement à l'exil. Des péripéties sans nombre émailleront le reste d'une existence « labyrinthique » et agitée, entre la France, l'Italie, la Suisse et l'Allemagne, alors qu'il professe publiquement, jusque devant les délégués du concile de Trente, la « vraie doctrine de la Concorde universelle ».

Ses exposés sur la transmigration des âmes, et surtout sur une supposée « triple nature » du Christ (la troisième, la Sapience,

14. François Secret, (KCR), *op. cit.*, p. 181 *sq.*

apparentée à la Shekinah, s'ajoutant aux natures divine et humaine), le conduiront, à Venise, entre les mains du Saint Office. Déclaré hérétique, il est finalement jugé *amens*, c'est-à-dire « fou », et enfermé dans les cachots du château Saint-Ange… dont une émeute providentielle le délivrera (1559). Il rejoindra alors Paris, pour finir ses jours en résidence surveillée, au monastère de Saint-Martin-des-Champs.

François Secret résume bien l'eschatologisme de Postel :

> « [qui] transfère au peuple gaulois l'élection d'Israël […] dans un mythe de la "Renaissance", où l'humanité est restituée dans son état d'avant la chute. »[15]

À la grande époque du Collège trilingue de Paris, Guillaume Postel eut de nombreux admirateurs parmi les hébraïsants. L'abbé Jean Boulaese (le « Cosmopolite gaulois »), disparu mystérieusement en 1579, présentera l'œuvre du maître à Pie V et à la Cour d'Espagne. Jean Édouard du Monin, doué d'une érudition prodigieuse, mort prématurément en 1586, à l'âge de vingt-neuf ans. Théodore Zwinger, Florimond de Raemond, les frères Guy et Nicolas Le Fèvre de la Boderie. Le second précisera ainsi la bonne manière d'« éplucher » la Bible :

> « Les Hébreux appellent cette façon de rapporter chaque chose à son Idée, kabbale, c'est-à-dire acroamatique ou science de l'ouïe, principalement cultivée des kabbalistes, qui laissent le sens littéral et son commentaire aux rabbins talmudistes, et la raison aux philosophes. »

XVIIe SIÈCLE

L'auteur de la *Philosophie mosaïque*, l'Anglais Robert Fludd (m. 1637) s'inscrit dans la même ligne de pensée. Il montrera que l'ordre de la création est totalement inscrit dans les lettres du mot *Bereshit*, l'« en-tête » de la Bible. Dans le *Summum Bonum* (1629), il considèrera deux approches de l'authentique Kabbale : *Bereshit*

---

15. *Ibid.*, p. 184.

et *Merkaba*, qu'il distingue expressément d'une Kabbale « superstitieuse », magique, très inférieure.

En Europe du Nord, la plupart des juifs convertis seront luthériens ou calvinistes. François Secret cite les noms d'Antoine Margaritha, Philippe Wolf, Paul Weidner, Christian Gerson... On connaît pourtant le revirement soudain de Luther à l'égard des juifs (*Sur les Juifs et leurs mensonges*), dont il ne put obtenir le soutien escompté contre Rome.

Moins catégorique (peut-être parce qu'il était le neveu de Reuchlin), Melanchton admettait qu'il y eut « parmi les doctrines de la kabbale bien des choses valables... quoiqu'on y voit souvent ajoutées les théories les plus fantaisistes ». Ce qui, hélas ! à l'époque, n'était pas toujours faux.

Calvin, lui, condamna globalement la Kabbale :

> « Je préfère avertir le lecteur qu'il se méfie de ce genre de gloses forcées. »

Ailleurs, il parle d'« arguties vaines et putrides, des insanités de ceux qui détournent le Nom de Jésus. »[16]

Nicolas de Gallars, pasteur genevois, parlera de « superstition périlleuse et pernicieuse [...] folies stupides inventées par les juifs qui ont dépravé la véritable histoire », et Conrad Huser, de « soldats à la solde de Satan, maître du mensonge »[17]. Ni plus, ni moins.

À l'inverse, le Bâlois Joannes Pistorius (m. 1608), médecin et conseiller du margrave, après avoir professé la Réforme, revint au catholicisme quelques années avant sa mort, tout en témoignant d'un vif intérêt pour la Kabbale. Il se constitua d'ailleurs à Bâle une sorte d'école d'hébraïsants kabbalistes, à laquelle s'agrègeront des Italiens.

Nous ne nous étendrons pas sur l'évolution du corpus kabbalistique, ou para-kabbalistique, chrétien. Dans la perspective du père bénédictin Trithème (m. 1516), d'Henri Corneille Agrippa

16. *Ibid.*, p. 276.
17. *Ibid.*, p. 277.

(m. 1535), familier de la Cour de France (dans les trois livres de sa *Philosophie occulte*, il conjoindra Kabbale et hermétisme) et de Paracelse (m. 1541), arrivent à se mêler astrologie, alchimie, magie, hermétisme et autres sciences naturelles. Les interférences de ces sciences avec la théosophie des « sociétés secrètes », comme la Rose-Croix, sont fréquentes. On citera, avec Robert Fludd, Heinrich Khunrath (m. 1605), ou encore John Dee (m. 1618).

Le père jésuite Athanase Kircher témoignera de son intérêt pour la Kabbale dans l'*Œdipus ægyptiacus* (1653), quoiqu'il fut tenu, officiellement, de la réprouver. Ce sont encore le médecin hollandais Jean-Baptiste van Helmont (m. 1644) et les grands « théosophes » luthériens, Jacob Boehme (m. 1624), Abraham von Frankenberg (m. 1652), J.-C. Haman, Franz von Baader, vilipendés comme « détestable secte de chimistes et distillateurs... avec nombre de banqueroutiers, faux-monnayeurs et lanterniers cabalistes ». Jean-Baptiste Segni, chanoine à Ferrare, conclut, non moins prestement :

> « Si les Hébreux disent qu'ils possèdent les saints livres de la Kabbale, nous leur répondrons que, même si c'était vrai, ils n'y peuvent rien comprendre, parce qu'ils ne croient pas [...] La vraie Kabbale, c'est le Christ qui la donna oralement à ses apôtres. »[18]

JACQUES GAFFAREL (1601-1681)

Né en Provence avec le siècle, ce prêtre fut bibliothécaire du cardinal Armand de Richelieu qui lui confia la mission de rechercher en Italie des manuscrits orientaux[19], puis aumônier du roi. Auteur des *Curiosités inouïes*, d'un index répertoire sur le *Zohar*, traducteur d'un traité d'Élisha ben David (*De Fine Mundi*), il fut surtout reconnu pour ses *Profonds mystères de la Cabale divine*, rédigé en 1625. Dédié au « Très Illustre et Révérendissime

18. *Ibid.*, p. 301.

19. On connaît les espérances de Richelieu quant à une unification des religions.

Cardinal de la Sainte Église Romaine », ce petit ouvrage de référence, « expurgé des sottises que certains hâbleurs y ont mélangées dans la suite des siècles »[20], vise les détracteurs de la Kabbale. Ceux-ci étaient emmenés par le médecin vénitien Georges Ragusius, le dominicain Petrus Pichius, chargé par Rome de prêcher contre les juifs, et surtout le franciscain Marin Mersenne (m. 1648), condisciple et ami de Descartes, qui dénonce les kabbalistes dans son *Impiété des déistes, athées et libertins*. Gaffarel, quant à lui, opposera la vraie Kabbale à la « doctrine occulte d'Agrippa... justement condamnée [il qualifiera ce dernier, avec Thomas Campanella, de "magiciens insensés"], [car] la Kabbale, dans l'acception la plus large du mot, n'est autre chose que l'explication mystique des Écritures, transmise avant et après la venue du Christ, notre Sauveur »[21]. Cette explication des mystères qu'un « peuple ignorant et grossier » ne pouvait comprendre, c'est, à côté de la Loi écrite, la « Parole de Dieu », suivant les mots de saint Paul. Origène, Eusèbe de Césarée, saint Hilaire et d'autres, attesteront « l'existence d'un double enseignement de la Loi », intégralement donnée à Moïse, au Sinaï. « La Kabbale est l'interprétation secrète de la Loi divine »[22], déjà révélée à Adam.

Gaffarel reprit la distinction, devenue classique, entre *Bereshit* et *Merkaba*. La première « traite des formes cachées de l'univers (et) recherche les lois qui régissent notre monde sublunaire », c'est-à-dire « sous » la dixième et dernière des Sephiroth : Malkut. La seconde est « la théologie symbolique ou mystique, la science contemplative des choses sublimes et divines »[23]. Elle traite spécialement des arcanes et mystères des nombres, des lettres et des Noms divins.

Il s'attacha à dénoncer les dérives de la magie, qualifiée d'« art diabolique », spécialement l'« onomatomancie », l'« art de prédire diaboliquement l'avenir au moyen des noms », qu'il ne confond

---

20. Trad. Samuel Ben-Chesed (1912), Archè-Sebastiani, Milano, 1975, p. 14.

21. *Ibid.*, p. 24.

22. *Ibid.*, p. 30.

23. *Ibid.*, p. 35.

d'ailleurs pas avec la véritable astrologie ; celle-ci relevant entièrement, comme les autres sciences traditionnelles, de la « Sagesse divine ». La Kabbale, « nettement opposée (à) la magie diabolique [...] élève l'esprit jusqu'aux hauteurs sublimes ; elle conduit l'homme [...] à la perception des mystères divins, le rend vertueux, le guide sûrement dans la voie de la sagesse »[24].

Un contemporain de Gaffarel, le baron Christian Knorr von Rosenroth (m. 1689), jouira d'une non moins grande renommée avec son volumineux ouvrage en trois tomes : La *Kabbale dénudée*, pour l'essentiel un commentaire du *Zohar*. Leibniz tiendra son auteur en haute estime.

XVIIIe SIÈCLE

Le pasteur luthérien F. C. Œtinger (m. 1782), auteur d'un important et réputé traité de théologie, dissertera sur la relation des Sephiroth avec la Trinité chrétienne. Tout un courant d'intellectuels s'essaie, depuis deux siècles, de manière de plus en plus pressante, à élaborer une synthèse harmonieuse entre la Kabbale, le néoplatonisme, le christianisme, la pensée théosophique initiée par Boehme, et les sciences naturelles. Mais ce sommet de la pensée fut-il jamais atteint ?

Martinès de Pasqualy (m. 1774) restera certainement un des tout derniers véritables connaisseurs de la « Kabbale chrétienne ». Le Maître des « Élus Cohens » parcourut la plupart des ateliers maçonniques de France, avec, pour objectif occulte, la constitution d'un « centre opératif », sans doute « essai de restauration du sacerdoce judaïque dans la Maçonnerie *intérieure* »[25]. On sait ce que celle-ci doit à l'ésotérisme hébraïque. On ignore toutefois la source de la « science » qu'il possédait, quoique des indices laissent entendre une origine familiale séfarade, remontant, peut-être, à l'époque de l'Expulsion d'Espagne. Franz von Baader assurera

24. *Ibid.*, p. 104.

25. René Guénon, *Études sur la Franc-Maçonnerie et le Compagnonnage*, tome II, Éditions Traditionnelles, Paris, 1973, p. 229, note 1.

que Martinès était à la fois « juif et chrétien », ce qui peut tout dire… et rien dire! Le fameux *Traité de la réintégration des êtres dans leurs premières propriétés, vertus et puissances spirituelles et divines*, écrit à Bordeaux, en 1770, contient, en tous cas, de sérieux éléments de cosmologie et d'angélologie juive. Il influencera largement le disciple et secrétaire particulier de Martinès, Louis-Claude de Saint-Martin, « le Philosophe Inconnu » (m. 1803).

En marge du kabbalisme chrétien, ou hermético-chrétien, disons donc, pour conclure, quelques mots des rapports de la Kabbale et de la Franc-Maçonnerie traditionnelle[26]. L'étude lexicographique, notamment celle des *mots de passe*, montre que l'hébreu avec ses racines est comme la « langue » subtile de la maçonnerie, dont les références bibliques sont, faut-il le rappeler, assez éloquentes! Il existe de fait une certaine identité entre la tradition hébraïque et ce « conservatoire vivant de la Tradition occidentale » que constituent les rites maçonniques.

Kabbale et Maçonnerie, qui visent au fond un même but spirituel, ont un large terrain d'entente, dont le moindre n'est pas l'importance reconnue à la puissance opérative, théurgique, des nombres, des lettres, des mots et des formules… Ce que d'ailleurs connaissait aussi la tradition gréco-pythagoricienne. On peut parfaitement envisager « la démarche maçonnique comme une tentative d'atteindre le septième palais de la Qabale […] le Saint des Saints […] l'Éden (l') antichambre de l'Ein Soph, le sans limite »[27].

> *« Nous portons ce trésor [la Lumière divine] dans des vases de terre, afin que cette grande puissance soit attribuée à Dieu, pas à nous. »*
> (2 Cor 4, 7.)

---

26. Qu'on ne saurait confondre, il va sans dire, avec certains réseaux sectaires politico-affairistes, tristement à l'œuvre aujourd'hui… On se doute que, pour ces « faux frères », l'édification du Temple spirituel est le cadet des soucis!

27. Pierre-Marie Savaignac, *op. cit.*, p. 17 *sq.*

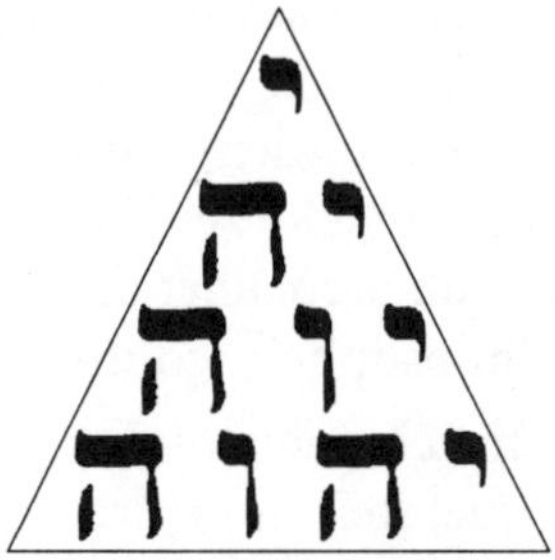

Depuis le « yod » initial, on peut disposer le Tétragramme sacré sous forme triangulaire, suivant la progression
« Y • YH • YVH • YHVH »
soit, en valeurs numériques :
« 10 • 10+5 • 10+6+5 • 10+5+6+5 »
soit, encore :
« 10 • 15 • 21 • 26 »

La valeur totale est, ainsi, de 72, nombre des anges, qui, selon la *Merkaba,* portent le Nom de Dieu.

Cette disposition schématique est un véritable *mantra* de la « Création en Dieu ». À partir du « yod » de l'Unité (valeur 10), la création est opérée par différenciation progressive et achevée – du moins, virtuellement – à la quatrième puissance.

Les kabbalistes chrétiens introduiront une cinquième puissance, le « shin » médian (valeur 300), lettre-chiffre de Jésus-Christ, le Messie, qui parachève, pour eux, l'Œuvre divine de la Création.

La parenté avec la triangulation numérique est frappante, du moins pour les trois premiers degrés, ou puissances (10 • 15 • 21), car, pour le quatrième degré, la suite donne « 28 » et non « 26 »... Cette différence tient au « mystérieux » redoublement du « hé » dans le Tétragramme hébraïque.

GLOSSAIRE

Ashkenazes: communautés juives, pour l'essentiel d'origine européo-centrale.

Adam Qadmon: figure anthropomorphe du plérôme divin, le « Corps » de l'« Homme universel », avant la chute. « C'est de la fragmentation du Corps de l'*Adam Qadmon* qu'a été formé l'Univers avec tous les êtres qu'il contient, de sorte que ceux-ci sont comme des parcelles de ce Corps... » René Guénon, *Symboles fondamentaux de la Science sacrée*, Gallimard, Paris, 1962, p. 285.

Aggadah: un des deux ensembles (avec la Halakah), de la littérature rabbinique.

Amidah: la prière par excellence des trois offices quotidiens.

Amoraïm: les « Disants ». Successeurs des maîtres *tannaïm* à partir du IIe siècle.

Aor: la Lumière émanée de Dieu.

Avir: l'Éther primordial, quintessence des quatre Éléments composant la proto matière.

Ayn: le Non-Être, le Vide absolu, l'Inintelligible.

Bereshit: premier mot de la Genèse, donc de la Bible, traduit usuellement par « Au Commencement », ou « Dans le Principe ». Litt. : « En-Tête ».

Binah: 3e Sephira. L'« Intelligence » divine, la « Mère » supérieure.

Deveqout: la « conjonction », l'« adhésion », l'« union », de l'homme à Dieu, par une dévotion totale aux commandements divins.

Dibbouq: entité maligne, lambeaux d'âme défunte attachés à un vivant.

Dîn: 5e Sephira. Le « Jugement ».

Dix-huit Bénédictions: avec le *Shema Israël*, partie centrale de la liturgie quotidienne.

En-Sof: l'Être suprême. Litt. : le « Sans Fin », l'Infini. C'est le Principe, la Racine des racines, la Source des Sephiroth.

Gaon: titre des derniers grands docteurs du Talmud, attribué plus tard à des maîtres très érudits.

Geburah: la « Puissance rigoureuse », autre nom de Dîn.

Gedullah: la « Clémence miséricordieuse », autre nom de Hesed.

Gemarah: ensemble des discussions polémiques « autour d'une *michna*, d'un texte biblique ou d'un aspect de la loi » (DEJ).

Gematria: mot grec, désignant la science de l'équivalence des lettres et des nombres.

Gilgul: transmigration de l'âme.

Golem: litt. embryon « informe ». La tradition attribue au Maharal de Prague d'avoir créé un *golem* anthropomorphe à partir d'argile, en lui transmettant le souffle de la vie.

Halakhah: la Loi orale, l'interprétation talmudique de la Torah écrite. Pour les mystiques, elle est indissociable de cette dernière. Elle est « la tradition ».

Hassid: les *hassidim* sont les « pieux », les « dévots », les « fidèles ». Le *hassidisme* est un « mouvement populaire de renouveau religieux, fondé au XVIIIe siècle par Israël ben Éliezer Baal Chem Tov » (DEJ). Les deux notions importantes du *hassidisme* sont la *deveqout* (« conjonction » à Dieu) et le *tsaddiq* (« sainteté »).

Hekhalot: les « Palais », ou « Appartements » célestes.

Hesed: 4e Sephira. « Grâce », « Bonté ».

Hod: 8e Sephira. « Gloire », « Majesté ».

Hokmah: 2e Sephira. La « Sagesse » divine. Le « Père ».

Justes: les *Trente-six Justes cachés* sont les « fondements de l'univers ». Ils vivent secrètement parmi les plus humbles.

Kavvana: l'« attachement » à Dieu, l'« intention » sincère dans les dévotions et la prière. La bonne « direction ». Cette notion fondamentale découle du commandement: *« Tu aimeras l'Éternel, ton Dieu, de tout ton cœur, de toute ton âme et de toutes tes forces »* (Dt 6,5).

Kelim: les Vases. Comme réceptacles de la Lumière divine, ce sont les Sephiroth.

Kelippoth: les « coquilles », ou « écorces », situées hors du plérôme, dans lesquelles se logent les puissances malignes.

Kîsseh: le « Trône » divin.

Maaseh: l'« œuvre » divine, l'« événement » divin, ou encore l'« histoire » (du Peuple élu).

Magen David: le « Bouclier » de David. Étoile à six branches, formée de deux triangles équilatéraux en opposition, représentant la conjonction et l'équilibre des influences célestes et terrestre.

Maggid: prédicateur. Celui qui « narre », qui « rapporte » un message, un enseignement. C'est le guide spirituel caché, intérieur, souvent identifié au prophète Élie. Les *maggidim* étaient itinérants ou sédentaires, attachés à une communauté particulière.

Malkut: 10e et dernière des Sephiroth. Le « Royaume ». Surnommée le « Diadème », la « Reine », l'« Épouse », la « Dame », par complémentarité avec la 1ère Sephira, Kether, le « Roi couronné ».

Merkaba: le « Char » divin.

Metatron: l'Ange de la Face divine. Le premier des archanges de la hiérarchie des Palais célestes. Il est parfois assimilé à la Sephira Malkut qui est au contact du monde d'en-bas, mais aussi à Kether, la « Couronne ».

Midda: « Mesure », « Détermination » divine. Les *middoth* désignent ainsi les « mesures du Temple ».

Midrash: exégèse, interprétation, commentaire rabbinique. Il se divise en *Halakha* et *Aggadah*.

Mishnah: la « répétition », l'enseignement de la loi orale qui fonde le Talmud.

Mitsvoth: les 613 « commandements » : soit 248 obligations et 365 interdictions.

Netsah: 7e Sephira. « Victoire », ou « Constance ».

Nigoun: mélodie spirituelle.

Notariakon: mot grec désignant la science des lettres initiales, médianes et finales.

Olam ha-Atsilouth: le Monde de l'*Émanation*, soit le ternaire sephirotique Kether – Hokmah – Binah. Il désigne aussi parfois l'ensemble du plérôme divin.

Olam ha-Beriyah: le Monde de la *Création*, soit le ternaire Hesed – Dîn – Tipheret.

Olam ha-Yetsirah: le Monde de la *Formation*, soit le ternaire Tipheret – Netsah – Hod.

Olam ha-Asiyah: le Monde de l'*Action*, soit le ternaire Netsah – Hod – Yesod.

PaRDeS: acronyme désignant les quatre principaux degrés de lecture de l'Écriture, du plus littéral au plus secret.

Partsufim: les configurations, ou « Visages » de l'Être divin, déterminé, personnel, ou de l'Adam Qadmon.

Prince de la Torah: l'Ange qui représente la Torah dans les cieux.

Reshimu: le « résidu » du retrait de Dieu en Lui-même.

Séfarades: communautés juives d'Espagne, ou originaires de ce pays et établies particulièrement en Afrique du Nord.

Sephiroth (sing. *Sephira*) : les dix « Émanations » constitutives du plérôme divin, de Kether à Malkut.

Shabbat: septième jour de la semaine, où cessent toutes les activités non spirituelles. « L'un des témoignages de l'alliance conclue entre Dieu et le peuple, et l'expression de la sanctification de ce dernier [...] Jour de joie et de recueillement » (DEJ). Il débute le vendredi soir, juste après le coucher du soleil.

Shebira: la « brisure » des vases séphirotiques.

Shekinah: la Présence divine, résidant dans le tabernacle, identifiée à Malkut en tant qu'Immanence et Omniprésence divine. Ce mot ne figure pas dans la Bible, mais dans les textes talmudiques.

Shem: le Nom (de Dieu). On distingue le «Nom complet» (YHVH), du «Grand Nom» Yâh (*Shemeh Rabba*), et des Noms de substitution, comme Adonaï.

Shema Israël: *«Écoute Israël, le Seigneur, notre Dieu, le Seigneur est Un»* (Deut. 6,4). C'est la *profession de foi* du judaïsme, la partie centrale des offices liturgiques. Le *Shema* doit être lu par tout juif mâle et adulte, le matin et le soir.

Shofar: corne de bélier, utilisée parfois à la synagogue. Le son du *shofar* annoncera le Messie.

Simha: la «joie» spirituelle.

Sod: le Secret de Dieu. Le sens le plus profond et caché de l'Écriture sainte.

Talmud: l'«Étude». Le corpus des enseignements religieux.

Tannaïm (sing. *tanna*): les «Enseignants» de la loi orale, pendant les deux premiers siècles de l'ère chrétienne, auxquels succèderont les *amoraïm*.

Tehiru: l'espace laissé vacant par Dieu en Lui-même, la «matrice» dans laquelle germera la création.

Temourah: science de la combinaison des lettres.

Teshouva: «retournement» de l'être, «retour» à Dieu.

Tipheret: 6e Sephira. «Beauté», «Harmonie». Elle est au cœur du plérôme, dont elle équilibre les tendances rigoureuses et miséricordieuses.

Tiqqoun: la «restauration», «réparation» de l'homme et du monde.

Torah: la Loi (d'abord au sens d'«Enseignement»), révélée à Moïse et aux Hébreux, au mont Sinaï. Les cinq premiers livres de la Bible (Pentateuque).

Tsadiq: le Juste, le Saint. *Tsedeq*, la sainte Justice, est une dénomination de la 9e Sephira, Yesod.

Tserouph: science alphabétique des correspondances littérales.

Tsimtsoum: «Concentration», «Contraction». Le «Retrait» de Dieu en Lui-même, pour permettre la création.

Tsinouroth: les vingt-deux «canaux» ou «sentiers» reliant les Sephiroth.

Yesod: 9e Sephira. Le «Fondement».

Yored: le mystique qui «descend» en Dieu.

Zohar: la «Splendeur», l'«Éclat» lumineux.

BIBLIOGRAPHIE

I. Textes traditionnels anonymes, auteurs anciens, études sur textes

Le *Zohar*, trad. Charles Mopsik (6 volumes), Verdier, Lagrasse, 1981-2000.

GRINBERG (Maurice), *Introduction au Zohar*, *Lumières sur le Zohar*, Maisonneuve et Larose, Paris.

SED (Nicolas), *Traduction du Livre Bahir*, Archè, Milano, 1987.

VIRYA (Vedhyas), *Le Sepher Yetsirah*, G. Lahy.

Le Livre hébreu d'Hénoch, ou Livre des Palais, trad. Charles Mopsik, Verdier, 1989.

ABOULAFIA (Abraham), *L'Épître des sept Voies*, trad. Christian Attias, L'Éclat, Paris, 1985.

CORDOVERO (Moïse) : *Le Palmier de Déborah*, trad. Charles Mopsik, Verdier, 1985.

DOV BAER DE LOUBAVITCH, *Lettres aux hassidim sur l'extase*, Paris, Fayard.

EZRA DE GÉRONE, *Commentaire sur le Cantique des Cantiques*, trad. Georges Vajda, Aubier-Montaigne, Paris, 1969.

GAFFAREL (Jacques), *Profonds mystères de la Cabale divine*, Archè, Milano, 1975.

HAYYIM DE VOLOZHYN, *L'Âme de la Vie*, trad. Benjamin Gross, Verdier, 1986.

HAYM VITAL, *Traité des révolutions des âmes*, Archè, Milano.

IBN GABIROL, *Livre de la Source de Vie*, trad. Jacques Schlanger, Aubier-Montaigne, Paris, 1970.
– *La Couronne royale*, trad. Paul Vulliaud, Dervy, Paris.

LUZATTO (Moïse Hayim), *Le Philosophe et le Cabaliste*, trad. Joëlle Hansel, Verdier, 1991.

MAHARAL DE PRAGUE, *Les hauts faits de l'Éternel*, trad. Édouard Gourévitch, Cerf, Paris, 1994.

MAÏMONIDE, *Le Guide des Égarés*, Verdier.

MOÏSE DE LEÓN, *Le Sicle du Sanctuaire*, trad. Charles Mopsik, Verdier, 1996.

NAHMANIDE, *La Dispute de Barcelone*, Verdier.

REUCHLIN (Johann), *La Kabbale (De arte cabalistica)*, trad. François Secret, Archè, Milano, 1995.

II. Ouvrages sur les kabbalistes et leurs œuvres

CASARIL (Guy), *Rabbi Siméon Bar Yochaï et la Cabale*, Seuil – Maîtres spirituels, Paris, 1961.

GOETSCHEL (Roland), *Meïr Ibn Gabbay: le discours de la Kabbale espagnole*, Peeters, Louvain, 1981.

GRAD (Adolf D.), *Moïse l'Hébreu*, Rocher, Paris.

IDEL (Moshe), *L'Expérience mystique d'Abraham Aboulafia*, Cerf, Paris, 1989.

– *Maïmonide et la mystique juive*, Cerf, Paris, 1991.

SCHOLEM (Gershom), *Sabbataï Tsevi, le messie mystique*, Verdier, Lagrasse.

III. Ouvrages généraux

FAIVRE (Antoine) et TRISTAN (Frédéric), *Kabbalistes chrétiens*, Paris, 1979.

GOETSCHEL (Roland), *La Kabbale*, P.U.F. – Que Sais-je?, Paris, 1998.

GRAD (Adolf D.), *Pour comprendre la Kabbale*, Dervy, Paris, 1964.

– *Initiation à la Kabbale hébraïque*, Le Rocher, Monaco, 1982.

– *La Kabbale universelle*, Le Rocher, Monaco, 1994.

GRINBERG (Maurice), *Les Dix Commandements*, Dervy, Paris.

IDEL (Moshé) et MALKA (Victor), *Les Chemins de la Kabbale*, Albin Michel, Paris.

MOPSIK (Charles), *Cabale et cabalistes*, Bayard, Paris, 1987.

– *Les grands textes de la Cabale*, Verdier, 1993.

– *La Cabale*, Jacques Grancher, 1988.

OUAKNIN (Marc Alain), *Concerto pour quatre consonnes sans voyelle*, Balland, Paris, 1991.

– *Tsimtsoum*, Albin Michel – Spiritualités vivantes.

– *Mystères de la Kabbale*, Assouline, 2001.

SAFRAN (Alexandre): *La Sagesse de la Kabbale*, Stock, Paris, 1986.

SCHAYA (Léo), *L'Homme et l'Absolu selon la Kabbale*, Dervy, Paris, 1977.
– *La Création en Dieu*, Dervy, Paris, 1983.

SCHOLEM (Gershom), *Les Grands courants de la mystique juive*, Paris, 1950.
– *La Kabbale et sa symbolique*, Payot, Paris, 1966.
– *Les Origines de la Kabbale*, Aubier-Montaigne, Paris, 1966.
– *La Kabbale*, Cerf, Paris.

SECRET (François), *Les Kabbalistes chrétiens et la Renaissance*, Archè, Milano, 1985.

STEINSALTZ (Adin), *La Rose aux treize pétales – Introduction à la Cabbale et au judaïsme.*

VIRYA (Vedhyas), *Spiritualité de la Kabbale,* Présence, Sisteron.

WARRAIN (Francis), *La Théodicée de la Kabbale*, Trédaniel/Véga, Paris, 1984.

Dictionnaire encyclopédique du Judaïsme (DEJ), Cerf/Robert Laffont, Paris, 1996.

Le Pentagrammate
(Athanase Kircher, *Œdipus Ægyptiacus,* 1653).

Du même auteur, dans la collection B.A.-BA

Fondamentalement biblique, « prophétique » et « messianique », la religion juive soutient l'« Unité » absolue de Dieu. D'un monothéisme intégral et scrupuleux, tout l'oppose aux paganismes idolâtres, aux jeux, amours et guerres des panthéons mythologiques. Par une alliance éternelle, YHVH a destiné Sa Parole à « un » peuple d'élection, qui doit, par son destin singulier et son exemplarité à accomplir les Commandements reçus par Moïse au Sinaï, préparer l'humanité à honorer Dieu, comme aux temps des Patriarches.

À partir de l'Écriture, le grand mode d'exposition théologique du judaïsme est le Talmud, qui fournira, dès le IIe siècle, l'« armature intellectuelle » (André Chouraqui) nécessaire à la survie du judaïsme et du peuple qui lui est identifié. La « théologie mystique », elle, s'épanouira à l'aube du Moyen Âge, avec le brassage des pensées grecque, chrétienne et islamique.

Avec Spinoza, puis, la philosophie allemande, la pensée juive déviera au regard de l'« esprit biblo-prophétique » ; contestant le légalisme talmudique, elle s'humanise, se laïcise. Toutefois, les rabbins orthodoxes et conservateurs, réfractaires aux abus de la raison, pérenniseront le message monothéiste auquel les peuples se convertiront, à l'avènement du Messie… Roi « davidien », dont l'attente imprègne la liturgie synagogale et inspire les prières quotidiennes.

Ce B.A.-BA *du judaïsme* présente une synthèse de l'histoire et de la morale du « peuple de la Bible », de la liturgie et des fêtes. Il s'attache à la question des rapports des communautés juives *(diaspora)* avec le monde antique et l'Église ; il montre leur place dans les nations modernes et distingue l'antijudaïsme du racisme antisémite. Enfin, il aborde la question du sionisme politico-religieux avec celle, cruciale pour l'humanité, du statut de la « Ville de la Paix » : Jérusalem.

Ce livre, composé en « Garamond » corps 12, a été réalisé par l'atelier des éditions Pardès.
Achevé d'imprimer en avril 2005 sur les presses de l'Imprimerie Fareso, Madrid (Espagne).
Précédent dépôt légal : mai 2003. Dépôt légal : avril 2005.